献给我的母亲丹尼斯·莱恩，

奉上我全部的爱。

序

在我的一生中，我一直对各个地方很感兴趣，就像对各色人物那样，其中英国的私家住宅还对我的工作产生过非常大的影响。这些私家住宅中的大型庄园别墅从前被视为独立的王国，好像万物齐备，自成一番天地；而其中规模较小的宅邸，比如农舍、教区长住宅和各类乡村小屋，也各有各的鲜明特色与韵味，使人不禁想起曾经居住在其中的人们。可以毫不夸张地说，如果住宅环境在一部文学艺术作品中具有非常大的作用，那么选择具体的住宅便同挑选主要演员一样重要，而且相当棘手。《唐顿庄园》（*Downton Abbey*）便是如此。当初我们就是首先意识到海克莱尔城堡既具备拍摄电视剧《唐顿庄园》所需要的一切特点，又具备更多的别具一格的特色。这使我们深感欣慰。

作者尼克·钱纳在本书中剖析了具体环境对作家所产生的各种影响，他寻觅到各位作家的名宅故居的所在地，探讨了文学作品同各位作家在构思创作期间所住居所之间的内在关系。在尼克·钱纳着手分析过的各位男女作家当中，我对女作家露西·M. 波士顿（Lucy M. Boston）特别感兴趣。她创作的《格林诺威》（*Green Knowe*）系列作品在我的童年生活中占有举足轻重的地位。其中《格林诺威的烟囱》（*The Chimneys of Green Knowe*）还被拍摄成电影《穿越时空的古宅》（*From Time to Time*），这是我非常喜欢的一部。我最感兴趣的是通过阅读本书，可以具体了解受世人景仰的波士顿夫人那座古老神秘的居所（位于海明福特格雷村）是如何激发上述儿童故事的创作灵感的。我在拍摄完《穿越时空的古宅》后参观过波士顿夫人的故居，也曾在那里的河畔散步。尼克·钱纳的研究结果无可挑剔，让我心悦诚服。

我希望您能像我一样对这本佳作爱不释手。

朱利安·费罗斯

前 言

英国极负盛名的住宅不仅多得令人吃惊，而且也是一些我们最喜爱的文学作品的灵感源泉。很难想象狄更斯笔下的《远大前程》（*Great Expectations*）里没有那座鼠满为患的肮脏旧宅；伊夫林笔下的《旧地重游》（*Brideshead Revisited*）里没有勋爵那座奢华壮丽的古老豪宅。

有些住宅反映出鲜为人知的文学情缘。例如，位于亨廷顿附近乌斯河畔的一处古老庄园就曾经激发过儿童文学作家露西·M. 波士顿的创作灵感，使她写出了颇具魅力的《格林诺威》系列作品；在肯尼斯·格雷厄姆（Kenneth Grahame）为他笔下的蛤蟆宫[①]寻找住宅原型时，泰晤士河畔的一座伊丽莎白一世时期的豪宅也许激发了他的创作想象力。

即使亚瑟·柯南·道尔爵士（Arthur Conan Doyle）笔下的伟大侦探夏洛克·福尔摩斯也在英国作家与住宅的故事中扮演了自己的角色。这位作家所熟悉的格鲁姆布里奇庄园（Groombridge Place）距他的萨塞克斯郡住宅不远，是福尔摩

①出自他本人的名著《柳林风声》。

斯故事中一则神秘故事的发生地点，只不过在小说中变换了地名。约翰·华生作为《恐怖谷》（*The Valley of Fear*）故事的叙述者，在故事中对伯尔斯通庄园的花园做了一番描述，其灵感就来自于格鲁姆布里奇庄园里的花园：

> 我在这个古老而奇特的花园里漫步。花园位于庄园侧面，四周环绕着几排被修剪得奇形怪状的古老红豆杉。花园里有一片漂亮的草坪，草坪中央立着一个日晷。整片景色宁静宜人，让我有点不安的神经有所放松。

英国各地有许多住宅是英国著名作家、诗人出生成长，并在周围环境中获取创作灵感的地方。其中不少住宅已对公众开放，使人们可以饶有兴趣地深入了解曾经居住在那里的作家、诗人的日常生活。这些住宅生动地体现出当时的生活境况，以及作家、诗人专心致志从事文学创作时的情形。

在这些著名的故居当中，有一处便是在作家 D. H. 劳伦斯（D. H. Lawrence）的出生地——诺丁汉附近。那是坐落在偏僻街道旁的一座不大的联排房屋，现已改建成一座极为引人入胜，又可增长知识的博物馆，也反映出维多利亚时代后期民居住宅的真实特点。

东边几英里处坐落着拜伦故居纽斯特德修道院（Newstead Abbey），里面的房间和走廊数不胜数。作为继承人的诗人拜伦曾经在那里举行过多次规模盛大的豪华宴会。拜伦经常在纽斯特德修道院里展现自己生气勃勃、充满活力的行为个性。

劳伦斯的故居与拜伦的故居有着天壤之别，但他们有一个共同之处。那就是，这两位出身背景完全不同的英国人在成为文学名人之前，均在各自的故居中度过了他们的成长期。一位后来成为颇有争议的工人阶级小说家，另一位是清秀出众的贵族中的诗人，被他的情人卡洛琳·兰姆（Caroline Lamb）小姐描述为“举止疯狂，品质恶劣，认识他就很危险”。

但是探讨与文学创作有着不解之缘的英国住宅群落，并不仅仅是为了评价曾经居住在那里，或者从中获取过创作灵感的作家、诗人的多样特性。那些住宅本身就呈现了一幅幅生动的英国岛国历史的画卷，展现着英国宝贵的建筑遗产。

位于肯特郡的豪宅诺尔庄园（Knole）是英国国民托管组织托管的历史最悠久、面积最大的住宅之一，上面留下了长达六个世纪的历史印记。它“堪称英国最古老的住宅”，专栏作者，英国文化遗产托管委员会前副主席西蒙·詹金斯这样写道。诺尔豪宅中曾经居住过的著名作家薇塔·萨克维尔－韦斯特（Vita Sackville-West）把这座豪宅比作一位上了年纪的女人，“曾经有过许多情人，亲眼见过一代又一代的人来去匆匆”。萨克维尔－韦斯特将自己的拳拳之心寄情于这座豪宅本身，而非那些曾经的主人。她把他们统称为“一群烂货，简直是十足的疯子”。

离开诺尔豪宅向四围延伸的广袤地面以及复杂如迷宫般

的众多房间，我们看到在遥远的伦敦四周诸郡的中心地带矗立着一座20世纪初期的红砖别墅——萧氏之角。如果当年贝杰曼在前往伦敦郊区的途中遇到这座别墅，很可能会仔细地观看一番。萧氏之角是爱尔兰剧作家萧伯纳的故居，看上去似乎坐落在萨里郡管理有序的通勤居民区。萧伯纳创作的经典文学作品如今仍吸引着广大读者，他的戏剧作品也不断被搬上舞台。

比萧氏之角的历史晚20年，但同样具有市郊风格外观的是位于牛津郊区的一处窑厂住宅。那是作家C. S. 刘易斯（C. S. Lewis）长期居住过的地方，其土褐色的陈旧内部反映出这位作家朴素的生活方式，以及对物质财富的反感态度。

托马斯·卡莱尔（Thomas Carlyle）居住过的那座18世纪初建造的联排房屋，位于伦敦下辖自治市切尔西地区。那一带曾经被视为贫穷肮脏的地方，令人难以置信。许多住宅被卡莱尔称为“价钱便宜，房屋一流”。他的住宅也是如此。当年这位苏格兰作家居住在切恩街时的四周环境与现在大为不同。那时从住宅正面首先看到的是一片成长的榆树带，再往前就是开阔地带。

毫不奇怪，在英国最古老的作家住宅中有一处文学圣地，吸引着世界各地的游客们前来瞻仰拜谒。莎士比亚在斯特拉福镇上的出生地是他的个人生活中仅存的遗迹。这个小镇同莎士比亚的名字一样为世人景仰。大诗人弥尔顿在奇尔特恩居住过的农舍式小别墅则是另一处有着数百年悠久历史的罕见文化遗址。

所有的文学朝圣者最后一定会前往霍沃斯，那是作家勃朗特姐妹在约克郡（Yorkshire）的故居所在地。妻子去世后，帕特里克·勃朗特在孩子们的姨妈的帮助下哺育着六个孩子，最大的孩子还不到八岁。父亲鼓励他亲爱的子女们努力发展自己的杰出才能。

通过阅读本书，读者可以了解众多英国作家及其在各地故居的情况。那些形形色色的故居曾经激发出他们的想象力，磨炼影响过他们的创作才华；他们从儿童时代就熟悉这些住宅，后来他们在那里勤奋写作过无数时辰，为我们奉献出了最优秀的、不朽的文学作品。除了女作家达夫妮·杜穆里埃（Daphne du Maurier）和艾尼德·布莱顿（Enid Blyton）的庄园和故居外，其他作家故居一律对公众开放。

目　录

< 英格兰 >

〈英格兰西南部〉
THE SOUTH-WEST

〈英格兰东南部〉

THE SOUTH-EAST

<伦敦>

LONDON

〈英格兰中南部〉

CENTRAL SOUTHERN ENGLAND

〈英格兰东部〉

THE EAST OF ENGLAND

〈英格兰北部〉

THE NORTH OF ENGLAND

< 苏格兰 >

< 威尔士 >

< 优雅的相遇 >

〈威尔士〉

WALES

英格兰

英格兰西南部

相遇在隐秘的云山故居

T. E. 劳伦斯 | T. E. Lawrence

由于戴维·里恩（David Lean）在彼得·奥图（Peter O’Toole）于1962年执导拍摄的史诗般气势磅礴的影片《阿拉伯的劳伦斯》（*Lawrence of Arabia*）中的出色表演，使得T. E. 劳伦斯（托马斯·爱德华·劳伦斯）至今仍被视为20世纪英国的一位杰出军人，深受世人怀念敬仰。第一次世界大战上半程，劳伦斯协助领导了阿拉伯人在中东奋起反抗土耳其人。时至今日，他仍然被视为极富魅力，神秘莫测，同时又具有很强感召力的英雄人物，就算出现在虚构作品里也不会显得格格不入。

劳伦斯的不朽名著《智慧的七柱》（*Seven Pillars of Wisdom*，1926）主要讲述了他在土耳其后方的亲身经历。这本书从劳伦斯的个人视角引人入胜地描述了阿拉伯人的反抗斗争，同时也是一本发人深思的回忆录。劳伦斯在云山居住期间修改了书稿。云山是他在多塞特郡（Dorset）乡村的一个狭小栖身之地；他曾将其描述为“荒凉狭窄，有棱角，不稳定，像它的主人一样”。

1923 年，据说劳伦斯有一次外出散步时，在博温顿（Bovington）小镇上的坦克训练兵营（他也在此受训）以南约一英里处发现了那间于 19 世纪建成的破败农舍。在此前的 12 个月里，他隐瞒了自己赫赫有名的过去，隐居在这里。那年年初，劳伦斯申请参加皇家空军遭到拒绝，因为官方发现他使用的是化名。当时负责招兵的军官是约翰斯（W. E. Johns）上尉（此人后来在自己的作品中创造出王牌飞行员比格尔斯这一人物形象）。约翰斯按照上级指示录取了劳伦斯。然而由于录取方式不可避免地遭到新闻界的猜测议论，最终官方将劳伦斯清退。劳伦斯没有气馁，3 月份又出现在博温顿小镇上的陆军坦克训练营里。这次他假借的是列兵托马斯·爱德华·肖（Thomas Eduard Shaw）的姓名，后来在 1927 年终于合法地采用了这一姓名。

云山远离现代文明，是理想的退隐静居之地，也是劳伦斯回避营房生活的最佳选择，因为营房的生活并不适合他。然而，作为一名士兵，他必须睡在博温顿训练营地。不过他在云山可以安心写作，不受打扰；可以接待那些交结甚广的文学界朋友，包括乔治·萧伯纳（George Bernard Shaw）、E. M. 福斯特（E. M. Forster）、罗伯特·格拉夫斯（Robert Graves）与托马斯·哈代（Thomas Hardy）等人。最重要的是，他喜欢那里幽居独处的环境。

劳伦斯第一次见到云山农舍时，那里已经很长时间没有人居住了，整体上处于破败失修状态。此外还显得潮湿，没有厨房，没有通电，甚至没有厕所。不过他还是毫不犹豫地签下了租用合同，他在寄给朋友的信中写道："我在博温顿也不是一无所有。我在兵营附近发现了一处破败农舍并把它租了下来，每周租费 2.6 英镑。房顶已经修好，正在铺地板。目前有一把椅子，一张桌子……破烂的地方。已经有了大约 12 本好书。"

云山景观。"那间农舍孤单单地坐落在高沼地的一个低凹地"，1924 年劳伦斯在一封书信中写道，"非常寂静，非常孤单，非常简陋。我不在这里睡觉，但是每天下午 4 点半我来到这里，直到晚上 9 点才回去，在炉火旁边遐想，写作或者读书……"

那座供农夫居住、共有四个房间的简朴农舍，反映出劳伦斯不随流俗的性格与幽居独处的天性。他没有任何物欲，几乎抽不出时间整理房间。他认为每天有10分钟时间做家务足够了。他写道：“只要我住在那里，就不会在里面摆放任何精美别致的物品。不想让任何东西拖累我。”

后来劳伦斯买下了这份不动产，对农舍各方面进行了改造，打算退休后在那里定居。他在农舍里安装了供水装置。待到楼下的房间变得非常干燥之后，他搬来了几个书架摆放自己的大量藏书。如今那里摆着的一个真皮沙发床占了室内很大一部分的空间，折叠起来可用作沙发供游客休息。劳伦斯有时也躺在上面读书。

楼上的房间里摆放着一台打字机，一台留声机，还有一些每分钟78转的唱片。劳伦斯在这个房间里接待朋友、听音乐、写作，或者放松休息。他在母亲来云山居住的一年里，又把这个房间改成了卧室。他的兄弟还在这个房间里度过蜜月。在楼下的房间变得干燥可用、改建工程全部完工以前，这里一直是劳伦斯的起居室。

房间里还有一幅绘画，上面画的是20世纪20年代中期从这座农舍里可放眼看到的景物。劳伦斯在此居住期间，云山农舍坐落在一片开阔的荒野中。如今周围林木茂盛，远非当年可比。即使在阳光灿烂的日子里，农舍里也显得非常阴暗。

相邻的简易房间衬上了铝箔以便保暖干燥，用作临时厨房。里面储存有不少罐头食品、果酱、面包、奶酪和新鲜食物，全部存放在钟形玻璃罐里。劳伦斯经常要购买存储大量食品，最常见的是亨氏烤豆罐头。劳伦斯在住进云山农舍 10 年后，终于在锅炉安装好的那一天痛痛快快地让自己洗了个热水澡。到那时，这座农舍开始显得有模有样，适合居住了。

颇有讽刺意味的是，在战场上曾经冒着枪林弹雨拼命杀敌的劳伦斯，居然死于一场距云山不远的普通交通事故。1935 年 5 月 11 日，劳伦斯收到了一封由作家亨利·威廉姆森（Henry Williamson）寄来的书信。这位作家在八年前发表过经典之作《水獭塔卡》（*Tarka the Otter*）。他在信中约劳伦斯于 5 月 14 日那天见面，共同讨论一部尚未发表的作品打印稿。由于时间紧迫，劳伦斯决定先拍一封电报把见面时间确定下来。

5 月 13 日，劳伦斯骑上那辆心爱的布拉夫（Brough）摩托车，前往不远处的博温顿邮局发电报。在返回云山农舍的途中，劳伦斯与道路低洼处一时没有看见的两位骑自行车的人相撞，整个身体从摩托车上甩了出去，头部严重受伤。六天后他在医院中离世，终年 46 岁。

时至今日，云山农舍在很大程度上并未受到时光流逝的影响，现由英国国民托管组织托管保护。这座农舍时常令人想起劳伦斯这位极富浪漫色彩却又非比寻常的人物。劳伦斯的冒险精神和大无畏气概在身后一代又一代学童和军人身上引起了共鸣。他那种有违正统却又出奇地招人喜欢的生活方式是他一生的生动写照：他仿佛一直是个局外人，超越了世俗礼法与循规蹈矩的固有界限。云山农舍正门上方的希腊文题词大意是“我不在乎”。他的确没有在乎，一贯我行我素。

T.E. 劳伦斯 1888—1935

劳伦斯出生于北威尔士的特雷马多格（Tremadog），在牛津长大。第一次世界大战爆发前几年，他在幼发拉底河流域参与考古工作，在那里第一次遇到了贝都因人。第一次世界大战期间，他在北非陆军情报部门服役；1916 年担任反抗土耳其人的阿拉伯组织的英国联络官。1918 年他率领英国部队攻占了大马士革。他不热衷于扬名立万，却一心想成为作家，坚信自己的戎马生涯、英勇战绩一定会被写成完美的作品。由他讲述的阿拉伯人的反抗斗争最终写进了《智慧的七柱》，后来由他本人节略为《沙漠革命记》（*Revolt in the Desert*）。这本书大获成功，进一步巩固了劳伦斯的杰出军人声誉。如果劳伦斯活着的话，他肯定会响应召唤，在二战中的情报部门和特种部队中发挥重要作用，因为他在作战方面的声望、知识和经验已经成为他宝贵的财富。

行走在夜色深处的孤独庄舍

托马斯·哈代 | Thomas Hardy

哈代出生的那间农舍坐落在多塞特郡乡村地带的深处。沿着一条连接几处偏僻人家的乡间小路走上半英里，就来到了哈代的农舍故居。它位于普德尔唐恩（Puddletown）森林边缘浓荫蔽日的古老林地中。若不因其是一处文学圣地，这间农舍几乎难寻踪影。虽然这一间农舍地位很高，但其外在标志却少得出奇。尽管如此，仍然值得众人前去参观瞻仰。农舍内部真实再现了当年的布局陈设。周围未受侵扰的乡村环境令人不禁想起这位作家早年在这片原始林地的生活。

哈代的曾祖父约翰·哈代当年是附近的普德尔唐恩人。1800 年约翰·哈代用草泥和茅草为他那当砌砖工的儿子建造了这种当地少有的风格简朴的农舍。花饰铅条窗、深窗座、低顶棚均为这座农舍增添了纵深感与独特个性，使它具有古老住宅的外观韵致。哈代的祖母说，这座农舍显得“非常孤独”。到那时，他们的家族在当地开创的建筑生意已有 100

多年的历史了。

托马斯·哈代是石匠的儿子，出生在上伯克汉普顿（Higher Bockhampton）农舍故居楼上正中的那间卧室。当时哈代的母亲难产，大家都判定他已经死亡。就在哈代那弱小的身体眼看要被扔到室外时，助产婆赶紧拦住，高声叫道："等一下，他还活着，真的还活着！"

哈代在这间农舍里度过了儿时的大部分时光，有时读书，有时写一些乡村题材的诗歌。成年后哈代前往伦敦当建筑师，后来又回到多塞特郡在当地开展业务。长篇小说《远离尘嚣》（*Far from the Madding Crowd*，1874）获得成功后，哈代开始专职从事写作。

1928 年的哈代在许多方面已经江郎才尽，名存实亡，因为他创作的大量文学作品均可追溯到 19 世纪后半期。他处在一个较早的时代。晚年的哈代经常乘车前往他的农舍故居，有时还会带上一些到他位于多尔切斯特市（Dorchester）的麦克斯门（Max Gate）家中看望他的朋友。他经常自豪地带他们去参观自己的出生地，不过若是他发现农舍故居看起来有些破旧凌乱，也会表示不满。

农舍故居内还摆放着他创作长篇小说《绿荫下》（*Under the Greenwood Tree*，1872）和《远离尘嚣》时使用过的那张木桌。这两部长篇小说均在这里构思成形，且大量吸收利用了周边环境素材。因此毫不奇怪，哈代笔下令人震撼的威塞克斯（Wessex）荒原形象带有明显的上伯克汉普顿的影子；

周围的景观风物呈现出古老传统和当地民俗的神韵。在故居附近不远处就可以看到哈代想象中的埃格敦荒原（Egdon Heath）地貌的原型。

哈代的出生地位于农业地区中心，居民主要是农夫和用人。他对那里一成不变的生活方式非常熟悉。对于许多生活在这个死气沉沉的农村地区的人来说，艰苦的日常生活就是一场永无休止的斗争。

农舍的客厅被一个大型壁炉占去了很大一片空间，拜访的客人和哈代家人经常围坐在壁炉旁取暖，分享着温馨的融洽氛围。年轻的哈代也经常坐在这里，听他们解说当地的歌曲和民间故事。

从正面看去，农舍正厅左侧的那个小房间据说是哈代的父亲和祖父算账存钱的地方。窗户上仍然安有铁条。值得仔细一看的是厨房里位于门口左侧的烤面包炉。它用蜂窝形耐火砖砌成，一次可烤 14 条面包。

上伯克汉普顿农舍故居的花园色彩缤纷，美丽迷人，同哈代当年在那里玩耍时一样。那里生长着传统野花（在农舍花园中司空见惯），长满了粉红色的石竹、紫色的薰衣草和亮黄色的万寿菊等各色花草。墙上点缀着玫瑰花、金银花和日本山茶花。花园旁边就是苹果园。哈代经常从树上摘一些香甜的伯克汉普顿苹果送给多塞特郡一位书商的儿子。作为回报，他可以在书店里免费博览群书。

当哈代一家最终搬离农舍故居后，这间农舍被当地一位农夫买下，成为金斯顿－马瓦德庄园的一部分。第一位租户名叫赫尔曼·李（Hermann Lea），是哈代的朋友。1948 年英国国民托管组织买下了这间农舍。

麦克斯门故居

从 1885 年至 1928 年哈代去世的 40 多年间，麦克斯门一直是托马斯·哈代的家庭住宅。1883 年夏季，在哈代同律师的女儿埃玛·吉福德（Emma Gifford）结婚近 10 年后，他在多尔切斯特（即他在长篇小说中描绘的卡斯特桥）东南一英里处购买了一块建房用地。从这片地方走到他出生的上伯克汉普顿农舍并没有多远的路程。当时哈代画完建房图纸后便委托父亲和兄弟开始施工。

1885 年建造麦克斯门住宅时，哈代对建房施工产生了浓厚兴趣。虽然他接受过建筑师的专业训练，然而他的具体工作一直是代表客户处理业务，或者同公司的资深合作伙伴有关。这一次给自己建房，他拥有绝对的自由管理权。很快他就迷上了建房施工，深入参与到了建房工程的方方面面，后来竟有了过分挑剔的名声。由于他不断地在建房施工过程中指手画脚，横加干预，引发了家庭争端，致使他的父亲发誓以后绝不再为他建房。

哈代从康沃尔公爵领地里购买了 1.5 英亩建房用地，在过路收费门（tollgate）和邻近收费员麦克（Mack）住宅的原址上建起了一座具有维多利亚时期风格的红砖别墅。这便是麦克斯门的名称由来。这座别墅的整体设计谈不上引人注目或赏心悦目，阴暗的室内环境只能增添一种晦暝之感。总体而言，麦克斯门旧居给人留下的印象是朴实无华。

哈代选择在多尔切斯特建房有几个原因。当时他已经是位知名作家（尽管他最杰出的作品还没问世），新建住宅可以体现出他所获得的成就及其社会地位。另外，他还有一种挥之不去的强烈愿望：回乡寻根，重返令他魂牵梦绕的孩童时代的故乡——威塞克斯的怀抱。麦克斯门别墅能够充分体现他的这番夙愿。别墅周围是一片开阔地带，景色悦人，环境非常优美；不像现在，附近尽是车水马龙的繁忙路段，住房开发建设步步紧逼，侵扰不断。

哈代在全心投入住宅施工的同时掩盖着个人生活的不幸。他同妻子埃玛的婚姻生活缺乏温情亲密之感。随着他们之间的关系进一步恶化，埃玛最终选择退避在阁楼的卧室里。埃玛觉得麦克斯门别墅阴冷风大，而哈代则为建造与维护别墅的费用而发愁。夫妻俩在家里一直过着分居生活。

就在这种多少使人感受到束缚的不和谐的婚姻背景下，哈代适应了麦克斯门别墅的生活，而且对这座住宅越来越满意。之后，他又对别墅进行过各种改造，将其扩建，甚至还把自己的书房搬移过三次。哈代在麦克斯门居住期间，创作出《德伯家的苔丝》(*Tess of the d' Urbervilles*)和《无名的裘德》(*Jude the Obscure*)两部长篇小说。入住一年，他又发表了《卡斯特桥市长》（*The Mayor of Casterbridge*）。此外，他在这座别墅里还创作出近千首诗歌。

哈代经常在麦克斯门接待当时著名的作家和剧作家。前往他的多塞特郡住宅登门拜访过的作家包括罗伯特·路易斯·史蒂文森（Robert Louis Stevenson），H. G. 威尔斯（H. G. Wells），鲁德亚德·吉卜林（Rudyard Kipling）和弗吉尼亚·伍尔芙（Virginia Woolf）等人。大部分时间在不远处的云山农舍度过的 T. E. 劳伦斯也是哈代的一位朋友。他在博温顿训练营隐姓埋名服兵役期间也拜访过哈代。

虽然麦克斯门别墅体现着哈代取得的不朽成就以及他在文学精英中间的崇高地位，但是这座住宅在许多方面仍旧非常一般。同维多利亚时代普通人的生活一样，麦克斯门别墅里没有浴室，没有自来水，用人们不得不用水罐把水送到卧室里。实际上在麦克斯门别墅建成 10 年后，里面仍然没有浴室。似乎哈代和埃玛并不接受现代生活的各种便利设施，仍然喜欢让用人们沿着楼梯爬上爬下运送洗脸水和坐浴水。

麦克斯门别墅里也没有煤气和电灯，依旧用煤油灯照明。最终在 1920 年修建了带有热水的浴室，一楼还安装了一部电话。不过哈代就像同时代许多人那样，对这些时髦复杂的新奇装置持谨慎态度，经常拒绝回电话。此外别墅还添置了一台收音机。埃玛早在 1912 年就已去世，之后哈代同他的秘书结了婚。她在 1914 年成为哈代的第二任妻子后，坚持要求对别墅进行一些改造。而哈代则喜欢原有的格局。当时的他已 80 岁高龄，年事太高，恐怕再无力革旧迎新了。

到 20 世纪初，麦克斯门别墅已经成为文学朝圣之地。时常有数十人突然造访，其中一些是不请自到的。下午在书房里写作数小时后，哈代会走下楼去迎接那些在喝茶时间到访的客人。1923 年威尔士亲王曾到访麦克斯门，尽人皆知。据说当时他这样说道："我母亲告诉我您写了一本书，名叫《德伯家的苔丝》，我有时间一定要拜读。"

在哈代去世前两年，莱昂纳德（Leonard）与弗吉尼亚·伍尔芙夫妇登门拜访。多年后莱昂纳德在回忆这次访问时说："他（哈代）在多尔切斯特建造的住宅四周种满了绿色成荫的林木。仿佛哈代将自己的一首诗变成了住宅的砖瓦和家具，变成了郁郁葱葱的林木。"

哈代去世 20 年后，1948 年麦克斯门别墅转让给了国民托管组织。如今游客们到麦克斯门别墅可以参观到比从前更多的实物内容，但是哈代的书房还没有对游客开放。不过哈代书房原貌已经复制在多尔切斯特市的多塞特郡博物馆里，供游人参观瞻仰。

托马斯·哈代 1840—1928

哈代小时候学过拉小提琴。他对大自然和周围环境怀有一种深切永久的爱恋。他从小在多尔切斯特接受教育，16 岁那年跟随一名威塞克斯建筑师当学徒。1862 年开始在伦敦做了五年的助理建筑师。返回到多塞特郡时，他已经开始创作第一部长篇小说《穷小子与贵妇人》（*The*

Poor Man and the Lady)，不过这部长篇小说从未出版。在发表长篇小说《远离尘嚣》之后，哈代又陆续发表了多部长篇小说，其中包括《卡斯特桥市长》（1886）和《德伯家的苔丝》（1891）（这部长篇小说常被誉为哈代创作的内容最动人、文笔最流畅的长篇小说——充满激情，笔调悲凉沉郁，具有超前现代意识），还有《无名的裘德》（1895）。

哈代既是一位成就卓越的小说家，又是一位著名的诗人。他认为诗歌胜过小说；于 1898 年发表了第一部诗集《威塞克斯》（*Wessex*）。哈代的作品反映出时代精神和本质特点，以非常优美的文笔描绘出威塞克斯地区的情感基调与乡土氛围。他对风物景观具有一种敏锐的直觉把握，对乡村风情了如指掌，使作品呈现出鲜明的乡土地方特色。

托马斯·哈代在麦克斯门别墅去世；他的骨灰葬于威斯敏斯特教堂，心脏埋在了斯丁福德教堂墓地里的一棵紫杉树下，距他的出生地和麦克斯门别墅不远，与其他已故亲人相邻为伴。

唤醒梦中回忆的乡村别墅

阿加莎·克里斯蒂 | Agatha Christie

绿巍别墅（Greenway）位于南德文郡（South Devon），俯瞰着波光闪烁的达特河（Dart）的宽阔水面，是一处能够唤起美好回忆的乡村别墅。只要一看到它就会使人怦然心动。这座已被列为一级建筑遗产的乔治王朝时期的别墅散发着一种神秘的气息。其实这并不值得大惊小怪，因为绿巍别墅曾经属于英国最受读者喜爱、最为成功的犯罪小说作家阿加莎·克里斯蒂。绿巍别墅甚至还出现在克里斯蒂创作的好几部小说当中。

绿巍别墅藏身南德文郡纵横交错的羊肠山路之中，给人一种遗世独立、浪漫超绝之感。一只小小的渡船往来穿梭于绿巍码头和迪蒂沙姆（Dittisham）村庄之间。乘坐从达特茅斯（Dartmouth）驶来的定期游船可使游人通过更加现代的旅游方式在青山绿水间行进，最终抵达那座占地 278 英亩的绿巍别墅。

(Rosalind)，但此后仍然经常前往绿巍别墅，直到去世。罗莎琳德和她的丈夫安东尼·希克斯（Anthony Hicks）留住在绿巍别墅，把那里当成了自己永久的家园。2000年绿巍别墅被捐赠给了国民托管组织。在罗莎琳德和她的丈夫分别于2004年和2005年去世后，克里斯蒂的外孙马修·普里查德（Mathew Prichard）慷慨地把别墅里大部分的遗物捐给了国家。

在实施完一项为期五年、耗资540万英镑的修复计划之后，绿巍别墅于2009年对外开放。这座别墅体现出克里斯蒂的精神世界与20世纪50年代全盛时期的各种特点。那时在每年夏秋两季的几周以及圣诞节期间，克里斯蒂和她那位身为考古学家的丈夫马科斯·马洛温爵士（Max Mallowan）都会来到这片几乎与世隔绝的山野田园之地，陶醉其中，尽享山水之乐。如今绿巍别墅里依然陈列着许多克里斯蒂在漫长的一生中（大部分时间在周游世界）收集购买的各种珍贵的纪念品和工艺品。

绿巍别墅中的一个主要房间是藏书室，室内墙壁顶端那幅引人注目的带状装饰画绘制于第二次世界大战期间。当时这座别墅被美国海军征用。克里斯蒂在回忆录中对环绕墙壁顶端的带状装饰画进行了如下描述：

> 在当时用作餐厅的藏书室里，有位艺术家（海军上尉马歇尔·李）围绕着四壁顶端画了一组环形壁画。

这组壁画描绘了他们的小型舰队去过的所有地方，首先是基韦斯特[①]，然后是百慕大群岛、拿骚[②]、摩洛哥以及其他一些地方。环形壁画最后以略带美化夸张的手法描绘了郁郁葱葱的绿巍丛林，以及掩映在树丛中的白色别墅。

藏书室里摆放着一架克里斯蒂当年经常弹奏的大钢琴。那是绿巍别墅里马修·普里查德非常喜爱的一个房间。每天吃过早餐后，家人和客人们都来到这里读报，藏书室的气氛立马便活跃起来。他还记得当年墙角处摆放着一把深座位的椅子，外祖母经常坐在那里阅读书刊报纸。

阿加莎·克里斯蒂从不在绿巍别墅写书。这里是她珍贵的庇护场所，是她躲避公众视线的地方。不过这座别墅里每年都会举行一次有趣的传统活动，对于她当时创作的小说获得成功具有重要意义。她创作的作品一律在每年的 12 月份发表。在发表前几个月，克里斯蒂要在晚饭后把家人召集在客厅里，然后朗读最新创作的长篇小说中的一个章节。那部小说则被称为“克里斯蒂迎圣诞新作”。在场的家人要猜测一下小说中的杀人凶手是谁。每逢这时，马科斯爵士常常从傍晚的熟睡中突然醒来，一语道破凶手是谁。

---

①基韦斯特，位于美国佛罗里达州。

②拿骚，巴哈马首都。

1956年的“克里斯蒂迎圣诞新作”是《古宅迷踪》(*Dead Man's Folly*)[①]。这是一部讲述比利时侦探赫尔克里·波洛（Hercules Poirot）破案经过的小说。这个扑朔迷离的故事发生在英国西南部，比利时侦探波洛赶到当地的火车站，来自纳瑟别墅（Nasse House）的司机正在那里等他。纳瑟别墅显然以绿巍别墅为原型，而达特河摇身一变就成了赫尔姆（Helm）河。“他们穿过丛林，走下一座陡峭的小山坡，又穿过巨大的铁门，沿着曲折迂回的私家车道，最后来到了一座俯瞰着河水，具有乔治王朝时期建筑风格的白色别墅前面。”

在小说中波洛收到邀请，要在别墅外面举行的游乐会上颁奖。游乐会上安排的一项非常有趣的活动就是寻找杀人凶手。按着克里斯蒂的典型描写手法，当一位姑娘的遗体被发现时，众人说的杀人凶手全都不对，相差太远。毫不奇怪，克里斯蒂把绿巍别墅附近那个具有特定氛围的船坞描写为主要犯罪现场：

> 一小段陡坡向下延伸至船坞门口。船坞建在河面上，有一个小码头，一个供停泊在下面的船只使用的货场……马琳没有任何反应。她躺在地上一动不动。风透过敞开的窗户轻轻地吹进来，吹得放在桌子上的一摞连

---

①《古宅迷踪》，又译《死人的殿堂》《假戏成真》。

环画哗啦啦作响。波洛紧皱着眉头。他轻轻地推开奥利弗夫人，走上前去弯下腰，仔细观察躺在地板上的那位姑娘，情不自禁地发出了一声感叹。他抬头看了看奥利弗夫人。

“这样一来……”他说道，“你预料的事情的确发生了。”

“你的意思不会是……”奥利弗夫人惊恐地睁大了眼睛，她随手拉过一把椅子坐了下来，“你的意思不会是……她没死吧？”

波洛点了点头。

“噢，没错”，他说道，“她死了。不过死去的时间不长。”

绿巍别墅还出现在《啤酒谋杀案》(*Five Little Pigs*，1943）中。在这起谋杀案中，艺术家埃米雅斯·克雷尔（Amyas Crale）喝了掺有毒胡萝卜的啤酒后，死在他那座德文郡阿尔德布里别墅花园里。他家的别墅原型就是绿巍别墅。在《无妄之灾》(*Ordeal by Innocence*，1958）中，克里斯蒂的绿巍别墅变成了阳光别墅，附近的达特茅斯小镇变成了德里茅斯（Drymouth）小镇。

阿加莎去世后，她的心脏埋在了绿巍别墅，她的精神依然留存在这里。周围环境神妙奇幻，河上风光优美迷人，再没有比这里更好的地方了。她所钟爱的绿巍别墅已经对公众开放，她的众多狂热崇拜者们终于有幸一睹克里斯蒂迷人的私人世界。

从绿巍别墅附近船坞看到的达特河风光。在《古宅迷踪》里达特河变成了赫尔姆河，绿巍别墅被重新命名为纳瑟别墅。克里斯蒂的作品表明，船坞为描写故事中的谋杀现场提供了创作灵感。

阿加莎·克里斯蒂 1890—1976

克里斯蒂出生在德文郡的度假游览胜地托基，原名阿加莎·玛丽·克拉丽莎·米勒，是家里三个孩子当中最小的一个。她的父亲弗雷德里克（Frederick）是美国商人。第一次世界大战期间，她在镇上的红十字医院当护士。医院开药房后，她接受了在那里工作的提议，顺利通过药剂师协会的专业考试。“毒药看上去干干净净，真是令人兴奋”，她这样写道。她在药房的工作经历使她受益匪浅，因为她从中增长了知识。后来她作为英国主要的犯罪小说作家又充分地利用了在药房工作时所获得的见识。

阿加莎·克里斯蒂同阿奇·克里斯蒂（Archie Christie）的第一次婚姻于1928年以离婚而告终。两年后，她与著名考古学家马科斯·马洛温相遇并结为夫妇。除了莎士比亚和《圣经》以外，她是全世界拥有最广泛读者的作家，作品销量以数十亿计。20世纪50年代，她创作的三部戏剧作品同时在伦敦舞台上演出。推理舞台剧《捕鼠器》（*The Mousetrap*）于1952年在伦敦西区上演，至今还保持着上演时间最长的舞台剧世界纪录。后来克里斯蒂因年老体衰，在牛津郡沃林福德的家中逝世，终年85岁。

徒步一英里的梦幻旅程

达夫妮·杜穆里埃 | Daphne du Maurier

乍看起来，普利茅斯海湾同镶嵌在康沃尔郡那片起伏壮丽海岸线上的无数其他僻静小海湾非常相似。其实普利茅斯海湾与其他海湾迥然不同。在一部文学杰作中，普利茅斯海湾被描绘为令人难以忘怀的美丽地方，风头盖过它本身就是英国西南部一处令人激动的风景胜地这一事实。普利茅斯海湾这片美丽宜人、独具风情的地方确实值得众人来此一游，尤其是徒步走一下最后那一英里左右的旅程。

通向普利茅斯海湾的人行道起点处立有一个令人感动的指示牌，使人想起那个生活节奏较慢、大家相互信任的时代。指示牌上面写着："本停车场无人看管。请在去往海滨的路上把停车费（50 便士）投进农舍旁边的牛奶桶里。请记住，是你的诚实降低了停车费用。"

通向海滨的小路正好从农舍旁边的牛奶桶前经过，然后又穿过一段令人赏心悦目的林荫通道。前面一片蓝色的大西洋水域渐渐地呈现在眼前，分外壮观。首先映入眼帘的便是那片颇有风情的隐秘海湾。达夫妮·杜穆里埃在《蝴蝶梦》（*Rebecca*）这部畅销的长篇小说中已经使之名传后世，永垂不朽。《蝴蝶梦》发表于1938年，两年后由电影大师阿尔弗雷德·希区柯克（Alfred Hitchcock）拍成电影。对于那些踏寻杜穆里埃往昔康沃尔故乡遗迹的《蝴蝶梦》的众多崇拜者来说，随着小路离普利茅斯海湾越来越近，那种期待的心情几乎势不可挡。

当杜穆里埃还是一个只有21岁却又浪漫得无可救药的女孩时，第一次注意到了乔治王朝时代的米纳比利庄园（Menabilly）。这处别墅后来成了她的家园，小说《蝴蝶梦》中曼德雷庄园（Manderlye）"神秘又寂寥"的环境设定便是以此为参照。她在附近的福伊小镇（Fowey）居住期间发现了米纳比利庄园，那时这座别墅破败空荡，无人问津。她在《迷情康沃尔》（*Enchanted Cornwall*，1989）一书中写道：

> 我常常利用一切机会进行野外探险，一走就是好几英里，没过多久，我在格里本海岬（Gribben）上发现了那片魔法森林，别提多高兴了。有一天我向北望去（从海岬向内陆望去），刚好看到掩映在树丛中的一座住宅的灰色屋顶，那便是米纳比利庄园。

整个住宅门窗紧闭，车道上、花园里杂草丛生。但是她一看到米纳比利庄园就被俘获了芳心。

杜穆里埃被米纳比利庄园深深地吸引住了，欲罢不能。她知道总有一天她会实现居住在那里的梦想。同时，这座庄园的整体环境也成为她创作描述《蝴蝶梦》中曼德雷庄园的艺术灵感来源。那是《蝴蝶梦》中一座隐藏着许多秘密的扑朔迷离的私家庄园，艺术地位举足轻重。《蝴蝶梦》写成于她拿到租赁合同的五年前。1943 年她终于搬进了米纳比利庄园，恢复了庄园原貌，一住就是 20 年。

数百年间，米纳比利庄园一直是很有势力的拉什雷家族（Rashleigh）的私家庄园，最早可追溯到伊丽莎白一世统治时期。原有住宅毁于英国内战时期，只剩下外墙。米纳比利庄园后来重新改建；19 世纪 80 年代一场火灾过后，在地下室里发现一具保王党成员的尸体。当杜穆里埃签订租用合同时，国家又逢战乱，庄园住宅归拉什雷博士所有，但他很少在那里居住。她在米纳比利庄园里所写的第一本书是《国王的将军》（*The King's General*），发表于 1946 年，故事发生的地点设置在英国内战时期的西南部地区。她在这本书中提到了在地下室里发现的那具尸体。

《蝴蝶梦》在某种程度上受到了杜穆里埃对丈夫以前的未婚妻的忌妒心理的影响。但是其中心主题的创作灵感来自于当时住在福伊小镇的著名作家亚瑟·奎勒－库奇爵士（Sir Arthur Quiller-Couch）对她偶然讲过的一件轶闻。这件轶闻说的是拉什雷家族的一位男性成员休掉自己迷人的妻子，继娶一位年轻女子的经过。这个故事一直留驻在杜穆里埃的心头挥之不去。后来她凭着丰富的想象力，把其中的一系列事件编创成了紧凑完整的故事情节。最后她居然写出了一本氛围怪异阴森、情节扣人心弦的哥特式长篇小说，充分展现出杜穆里埃的文学创作才能。

在《迷情康沃尔》一书的前言中，杜穆里埃写道："各处地方、不同住宅均对我低声细语讲述着它们的秘密，与我一道分担痛苦，共享欢乐。作为回报，我也向它们袒露心扉。我写的几部长篇小说就这样融入了这片古老地方的民间传说之中。"

虽然《蝴蝶梦》中的曼德雷庄园明显带有康沃尔地域特点，但是这座庄园却是以彼得伯勒（Peterborough）附近的弥尔顿园（Milton Park）为原型。那里曾是菲茨威廉家族（Fitzwilliam）的古老家园。小时候杜穆里埃到那里去过许多次，还记得"安装着竖柜的窗户，对着藏书室敞开的大门，巨大的石厅，还有一个漂亮精美的楼梯通向画廊"。

在《蝴蝶梦》中，曼德雷庄园的主人是讨人喜欢的鳏夫麦克斯·德温特（Max de Winter）。他的第一任妻子丽贝卡是一位美貌又活泼伶俐的社会名流，最后却被人发现在距曼德雷庄园不远的海岸附近溺死在那艘沉没的"我归来"号游艇上。德温特那位年轻、不谙世事的新婚妻子就是小说中的无名叙述人。她被曼德雷庄园充满浪漫气息的环境和透露着阴险恶意的氛围深深地吸引住了。但是作为害羞、缺乏信心的第二任德温特夫人，她也受到处处与丽贝卡进行比较的威胁。

普利茅斯海湾周围的小路，以及从比较陡峭的格里本海岬斜坡看到的庄园景观，均有助于故事在恰当的具体情境中顺利展开。谢天谢地，所有的神奇之处无一遗漏。翻涌的大海波涛，以及大自然的诸般力量对这片海岸的冲击塑造，使得这个地方具有一种永恒的梦幻韵致。

爬上格里本海岬陡坡可以看到普利茅斯海湾的两个小湾。达夫妮·杜穆里埃和她的孩子们常到这里来游玩、野餐。

海湾入口处涌动的海浪使人不禁想起《蝴蝶梦》中描述的一幕幕悲剧事件。1930 年 1 月，杜穆里埃就是在这里亲眼看见一艘船撞在了礁石上，龙骨断裂。小说中的船坞小屋如今仍然可以看到，不远处还有一个用来把船只拖上岸的绞车，饱受风雨侵蚀。

图中的这座海边农舍便是《蝴蝶梦》中船坞的原型建筑。那位迷人的第一任德温特夫人在船坞里与情人幽会，不料却被当地一位海滩上的拾荒者本（Ben）透过窗户看到了幽会过程。

在阳光明媚的下午，过往的流云阴影暂时使周围的景物变得黯淡下来。每当这时，的确能够让人实实在在地感受到小说中描写过的相应情景。

虽然在《蝴蝶梦》中庄园住宅占据着重要位置，而非女主角，在现实中却不见米纳比利庄园的踪影，至少我无法看到它。尽管我努力搜寻，可仍然没有看到“一座独立住宅的灰色屋顶”。也许朝向大海顺势延伸的茂密林木遮挡住了外人窥视的目光。还有一种可能是米纳比利庄园本身是见不到的。只有其周围环境、隐私秘密以及与世隔绝的幽静氛围，使小说中呈现出一种神秘感觉。无论在现实中还是在杜穆里埃创造的小说世界里，在故事中占有核心地位的庄园仍然拒不透露其中的秘密：“昨天夜里，我梦见自己又回到了曼德雷庄园。大自然以其长长的手指顽强地侵蚀着车道。一株丁香已同一棵山毛榉杂聚共生。为了将它们更加紧密地捆绑在一起，不怀好意的常青藤已用条条卷须缠绕在它们周围。”

达夫妮·杜穆里埃 1907—1989

达夫妮·杜穆里埃出生在伦敦，父亲是著名的演员兼剧院经理杰拉尔德·杜穆里埃（Gerald du Maurier）爵士。山岩峭立，景色优美，拥有大西洋迷人风光的康沃尔郡在她感情世界中占据着举足轻重的位置。她将英国这一片美丽的地方当作故事发生的背景环境，写进了许多大获成功的冒险小说和浪漫传奇故事当中。《牙买加客栈》（*Jamaica Inn*，1936）、《法国人的小湾》（*Frenchman's Creek*，1942）、《浮生梦》（*My Cousin Rachel*，1951）和《海滨之屋》（*The House on the Strand*，1969）的故事背景均设置在康沃尔郡。

她创作的短篇小说《群鸟》（*The Birds*，1952）由电影大师阿尔弗雷德·希区柯克在美国搬上银幕，成为一部经典影片。《威尼斯疑魂》（*Don't Look Now*，1970）是一篇惊险恐怖的短篇小说，故事发生在威尼斯，1973 年由尼古拉斯·罗伊格（Nicholas Roeg）拍成电影。杜穆里埃还写有许多部回忆录，《衰亡中的康沃尔》（*Vanishing Cornwall*，1967）就是其中的一部。她与绰号为“男孩”的弗雷德里克·勃朗宁（Frederick Browning）结为夫妻；此人在第二次世界大战期间担任荷兰阿纳姆盟国第一空降师副师长。

英格兰东南部

豪华庄园与女作家的不解之缘

薇塔·萨克维尔－韦斯特 | Vita Sackville-West

诺尔庄园大门入口与其优美的鹿园内部环境之间反差极大，令人惊讶。来到塞文欧克斯（Sevenoaks）市郊的住宅区大街上之后，再穿过一个狭窄门口，每逢夏季的旅游高峰时段常有一长队车辆排队等候行驶，接下来你就会进入一个清新美丽的世界。那里有正在吃草的鹿群，古老的橡树与核桃树，还有高低起伏、长满青草的空地。

最后可以看到那座伊丽莎白女王时代的巨大庄园住宅隐隐约约地出现在肯特郡延绵起伏的地面上。诺尔庄园大宅周围是占地 1000 多英亩的壮丽园林。它本身是英格兰最大的庄园住宅，体现出宏伟祖居家宅的精髓特质。诺尔庄园大宅原是一位大主教的豪华住宅，后来赠给亨利八世，再后来由伊丽莎白一世赠给了托马斯·萨克维尔（Thomas Sackville）。关于这座具有浪漫色彩的古老大宅可说的事情确实很多。尤其是它同英国一位著名作家之间结下的不解之缘，颇为世人称道。

女作家薇塔·萨克维尔－韦斯特在诺尔庄园长大。庄园大宅让她如此心醉神迷，钟情不已。对于她来说，任何人任何事都无法与之相提并论。“我想我对诺尔庄园深深的爱胜过我生命中的一切”，1928年她这样写道。当时她的生活世界突然之间破碎崩溃了。那一年她父亲的去世永远改变了一切。诺尔庄园同萨克维尔家族的贵族头衔密切相关，只有男性家族成员才可继承庄园。这体现了长子继承制的古老规定。萨克维尔－韦斯特将其称为“技术上的错误”，但其具体影响非常深远。一想到即将失去诺尔庄园，萨克维尔－韦斯特就感到极为伤心。

萨克维尔－韦斯特出生在诺尔庄园，原名叫维多利亚·玛丽·萨克维尔－韦斯特。她是家中的独生女。在不断成长的那些年月里，除了一个沉浸在悠久历史的封建主义之中，并为贵族阶层悠久传统所统治的世界外，她对于生活一无所知。

任何一个少年无论如何也想不到会有诺尔这样一处游玩场所。那片广袤的中世纪鹿园就是她的后院。庄园大宅内部有365个房间，52个楼梯，12个大门入口，7个庭院。可以围绕着它们设计一些愉快开心的游戏和充满幻想的冒险活动。当年她还是一个好奇心强、喜欢保守秘密的孩子，喜欢探查诺尔大宅及其秘密通道，还有那些可以爬到屋顶的有巨大吸引力的阁楼。

她曾经把诺尔大宅形容为一大片的“方形小塔楼和灰墙，上百个烟囱向空中喷吐着一缕缕蓝烟”。诺尔庄园规格如此宏大，后来她的朋友兼同性恋人弗吉尼亚·伍尔芙曾经估计，“那一片建筑”很可能“有牛津一半那么大”。萨克维尔－韦斯特的母亲维多利亚·萨克维尔言简意赅地概括了诺尔庄园的魅力，称它兼具有“温莎城堡的优美和巴黎丽兹大酒店的舒适”。

1901 年，萨克维尔－韦斯特 8 岁时，维多利亚女王去世。这位君王的辞世对英国社会价值观和行为方式引起非常大的变化。在诺尔庄园也不例外。萨克维尔的幼女就是在这种突如其来的惊人巨变背景下长大成人的。

诺尔庄园转手给她的少将伯父、第四任萨克维尔男爵查尔斯·萨克维尔－韦斯特爵士（Charles Sackville-West）时，薇塔·萨克维尔－韦斯特已经36岁。此后不久，弗吉尼亚·伍尔芙在日记中写道：“昨天我和薇塔路过诺尔庄园，被迫转过脸去不看这座没有主人、没有旗帜的庄园。这是她最介意的。”

伍尔芙认为诺尔庄园冷冰冰的没有魅力。但是庄园的那一批杰出的前辈主人以及深深的历史感还是让伍尔芙非常着迷。她能够理解萨克维尔－韦斯特强烈的失落感。她的同性恋人富有表现力地把诺尔庄园形容为“反映出英格兰的格调；使之融入了青青的花园草地，融入了前方的茶绿色园林，融入了英国淡蓝色的天空中”。失去了她认为应该属于自己的庄园，那种感觉真好比利箭穿心。最重要的是她认为这“背叛了我的祖先的所有传统，背叛了我钟爱的庄园”。

萨克维尔－韦斯特从来不会完全放弃诺尔庄园。伍尔芙作为一名作家送给她一份不同寻常的礼物，终于为她保存对诺尔庄园的记忆找到了一个可行途径。不过那不是在现实里，而是在她非凡的想象当中。同一年，即1928年，伍尔芙创作了一部半自传性质的长篇小说《奥兰多》（*Orlando*）。萨克维尔－韦斯特的儿子奈杰尔·尼科尔森（Nigel Nicolson）把这部小说称为“文学作品中篇幅最长，内容最迷人的情书”。《奥兰多》大量运用了诺尔庄园的历史素材，使萨克维尔－韦斯特看得“眼花缭乱，心醉神迷”。的确，那位穿越时间旅行的跨性别主人公就是她本人的化身。《奥兰多》表达了一种深情厚谊，一种发自一位女性内心的爱；这位同性恋人对萨克维尔－韦斯特同样报以深情厚爱。

她们之间的爱恋充满激情。萨克维尔－韦斯特甚至对伍尔芙这位女作家及其不可抗拒的精神略有惧意。伍尔芙反过来则对萨克维尔－韦斯特关爱备至。“她在塞文欧克斯的食品杂货店里闪烁着蜡烛般的光辉”，她写道，“她迈动着山毛榉一样的双腿高视阔步地行走，红粉靓丽，好像一串葡萄，又像一只挂在树上的青梨。我想这就是她迷人魅力的秘密。”

一代又一代名流宾客走进走出诺尔庄园的大门。其中便有一位后来改变英国历史进程的女人。1931年至1932年间，美国离异女人华里丝·辛普森（Wallis Simpson）成为诺尔庄园的一位常客。但是当人们得知她是未来君主威尔士亲王的情人时，她突然不再造访诺尔庄园。

在辛普森夫人于1930年春季初次来到诺尔庄园之前的那一年，萨克维尔-韦斯特写完了那份献给她的成长故居诺尔庄园的情书——《爱德华时代群像》（*The Edwardians*）。这部小说是她最成功的作品，尽管也是虚构类作品，但是她的手记指出："书中没有一个人物是完全虚构的。"一语道破实情。

维多利亚女王去世后的近30年间，英国和世界形势发生了很大变化。《爱德华时代群像》触及那场社会变革的诸多方面。这部长篇小说的故事背景设置在一座名叫雪芙蓉的乡间别墅里（显然以诺尔庄园为原型）。故事起始于1905年，结束于1911年（爱德华七世去世前一年，第一次世界大战爆发前三年）。《爱德华时代群像》取材于作家小时候在诺尔庄园的生活经历，描写的是萨克维尔-韦斯特最熟悉的生活内容——那是一个上层贵族社会居住生活的世界。有趣的是，尽管她也出生在那个世界里，她却把自己归类为放荡不羁、不随流俗的人物。《爱德华时代群像》一书中的一个人物把诺尔庄园形容为"死气沉沉却又精美高雅的历史遗迹"。

这不是薇塔·萨克维尔-韦斯特第一次在作品中描写诺尔庄园。早在1906年至1910年间，少年时期的薇塔就创作了八部长篇小说和五个剧本。她无一例外地在避暑别墅里写作。诺尔庄园多姿多彩的历史以及数百年来的诸多入住过客均成为她文学创作的灵感源泉。

尽管有《奥兰多》这份文学礼物来减轻她失去钟爱的诺尔庄园带来的心痛，但是在萨克维尔－韦斯特此后的人生岁月里，诺尔庄园的景象仍然时常萦绕在她的心中。1928 年 5 月 16 日，在写给自己的丈夫哈罗德·尼科尔森（Harold Nicolson）的信中，她写道：

> 昨天夜里我让自己遭受了一次折磨：天黑后我去了诺尔庄园，在花园里到处漫游，我有一把万能钥匙，可以走进去不被人发现。这是一次非常奇特、令人感伤的经历；它是如此奇特、令人感伤，万一遇到任何人我都会昏倒过去。我是说，当时我感觉已经完全把那个地方占为己有，我觉得自己可能是世界上唯一一个活着的人——请注意，不是当今的世界，而是至少 300 年前的那个世界。

那次睡梦中的经历也许非常类似于一个浪漫插曲，一次同往日恋人的幽会。毫无疑问，那种神奇的感觉又重现了片刻，如烟往事蜂拥而至。

关于诺尔庄园里的那片花园，萨克维尔－韦斯特曾经写道："草地上呈现出极为亮丽的绿色光彩，蜜蜂在菩提树林嗡嗡作响。热气犹如香云纱一般在草坪边缘的上方不断增加。花园四周矗立着用肯特郡的坚硬岩石筑起的高大围墙，给人一种奇怪的寂静幽居的感觉。”

1940年欧洲战争爆发。传记作家、游记作家詹姆斯·蒲柏·亨尼西（James Pope Hennessy）在拜访诺尔庄园时写道：“我们借着夜光在广阔而幽暗的花园里漫步。眼前是一条条宽敞的草地小巷，一簇簇盛开的杜鹃花……但这只是一种看似和平的从前那个宁静世界的幻象。整个井然有序的景观似乎正随着毁灭的步步紧逼而震颤不已。”

第二次世界大战初期，诺尔庄园已经岌岌可危。1946年，第四任萨克维尔男爵把诺尔庄园以及一笔维护费用一同捐给了国民托管组织。两年后，薇塔·萨克维尔－韦斯特写出了第一本国民托管组织认可的诺尔庄园导游指南。

西辛赫斯特城堡

这座城堡也许没有诺尔庄园雄伟壮丽。由于长子继承制抱残守缺规定的缘故，薇塔·萨克维尔－韦斯特被剥夺了继承诺尔祖居庄园的权利。但是退一步讲，西辛赫斯特城堡（Sissinghurst Castle）也是一处不错的选择。萨克维尔－韦斯特在日记中记述道：

> 1930年春天，当我第一次看到它时，它立刻俘获了我的心，激发了我的想象力。我完全爱上了它，是那种一见钟情的爱。我看到了其中美景的魅力。它是睡美人的城堡。可当时这座城堡已经破败，变得污秽不堪，好

像一个呼唤着的、亟待拯救的花园。即便在当时也不难想象，为了拯救这座城堡，我们必须付出艰苦的劳动。

西辛赫斯特城堡原来是一处由贝克家族修建的15世纪末期的合院式住宅，后来在16世纪60年代又经过翻修扩建。到萨克维尔－韦斯特和她的丈夫哈罗德·尼科尔森购买这座城堡时，只剩下了都铎时期外屋色彩柔和的红砖废墟。最为引人注目的就是曾经矗立在古堡住宅正面的塔楼式大门。

这对夫妇在西辛赫斯特城堡开始的新生活，最初还说不上称心如意。前几天夜里，条件非常简陋。他们夫妇二人只能睡在潮湿的野营床上，在烛光下读书。前面的花园简直是荆棘丛生的荒野，篱笆残败不堪。里面有很久前扔的一些垃圾，比如沙丁鱼罐头盖、床架和犁铧等废弃物品。萨克维尔－韦斯特无法掩饰被剥夺诺尔庄园继承权后所感到的痛苦，她写道：

一个人可能会非常合理地希望继承有百年历史的古老紫杉树篱，弯曲的桑树，一两棵高大雪松，用枝条编筑的小道，铺着石板的小路，还有土石堆。相反，这里只有丛生的杂草，粗陋的草地；一座破烂难看、建错了地方的暖房，破旧的篱笆，用铁丝围起来的养鸡场地。到处是污秽混乱的景象。

改造西辛赫斯特城堡残破遗迹的挑战非常艰巨。但是尼科尔森和萨克维尔－韦斯特不辞辛苦，努力劳作了很长时间，很像生意上的合作伙伴。她负责园艺工作，他则负责整体设计。尼科尔森的设计方案与萨克维尔－韦斯特的园林种植明显受到格特鲁德·杰基尔（Gertrude Jekyll）和埃德温·鲁琴斯（Edwin Lutyens）[①] 园林设计成果的影响，也受到劳伦斯·约翰斯顿（Lawrence Johnston）所拥有的爱德华时期大花园的影响。这座花园坐落在格洛斯特郡（Gloucestershire）的希德科特（Hidcote），他们非常喜欢。

1938 年，萨克维尔－韦斯特有些不情愿地把西辛赫斯特城堡对公众开放。她傲慢地把游客们称为“先令客”，因为当时的参观门票售价为一先令（5 便士）。如今门票售价不可避免地有所提高，然而游客们却能领略到丰富多彩的各种园艺乐趣。尼科尔森和萨克维尔－韦斯特胸怀远大抱负所付出的爱的劳动成果，是他们留给后人的宝贵遗产。

对于萨克维尔－韦斯特来说，西辛赫斯特城堡的魅力在于它既拥有漂亮的花园，又能够利用旧墙和树篱搭建舒适露天房间这两个特点上。塔楼也是她作家生涯中极其重要的一个地方；那是她幽居独处的场所，在她的写作与私人世界中占据着核心地位。作为一个极为重视个人隐私、独立性又很强的人，萨克维尔－韦斯特在保护自己的工作场所方面可谓

①1869—1944，英国最伟大的建筑家。

毫不留情。游客在这里不受欢迎。

萨克维尔－韦斯特平时写作用的那个房间在塔楼中层，通过一段螺旋式楼梯进入室内。这个房间至今没有任何变动，四周墙壁上仍然摆放着已经长久被人遗忘的出版物。其中一些同园艺、历史和旅游等方面的内容有关。在漫长的夏日，萨克维尔－韦斯特从事园艺劳动常常到黄昏，然后回来伏案写作，直到深夜。她在自己挚爱的塔楼小屋里总共写出了 20 本书。1946 至 1961 年间，她每周都要为《观察家报》（*Observer*）撰写一篇备受期待的园艺专栏文章。

塔楼里最终通上了电，还修建了一个壁炉。不过萨克维尔－韦斯特很少使用这个壁炉。相反，她常常会多穿上几件衣服，或者用毛毯保暖。有时她也打开电暖器，但通常只会使用一个加热片。

萨克维尔－韦斯特喜欢从塔楼顶端向下凝视自己的劳动成果——那座她非常珍爱的花园。接下来她凝视的目光会停留在更加辽阔的景观上：一片片田野拼成的图案，还有向远处北岗延伸的森林。坐落在中间的弗里滕登教堂（Frittenden Church）尖顶会使人想起她所钟爱的英格兰花园所具有的全部优美宜人的特点。

1940 年，英国那片区域的和平与宁静受到了敌军威胁。随后萨克维尔－韦斯特搬到了另一处书房，以便安置那些利用塔楼眺望敌情的侦查监视大队的官兵。

西辛赫斯特城堡藏书室现已对游客开放，里面有数千册图书。其中许多是尼科尔森收藏的赠阅本图书。他在西辛赫斯特城堡的南舍写作，那里更加便利。他的妻子则在塔楼的小房间里寻找宁静，不受外界打扰。出乎预料的是，尼科尔森是西辛赫斯特城堡里更为多产的作家。他轮流使用三台打字机（分别被称为里基、蒂基利、大维）写下了共 300 万字的日记，“从没想过发表”。

萨克维尔－韦斯特搬到西辛赫斯特城堡时已经是一位富有的女人。但是她在去世时却身无分文，因为她的个人财产全部都花在了住宅和花园上；她花费了难以计数的时间来实现自己的梦想。她曾经写道，西辛赫斯特城堡“让我累弯了腰，弄破了指甲，有时也让我感到非常伤心”。

她去世后，西辛赫斯特庄园转让给了国民托管组织，代替遗产税。如今该组织雇用了九名园丁维护保管她创造的那片美丽园地。

1973 年，萨克维尔－韦斯特的儿子奈杰尔 · 尼科尔森写下了一本回忆录《婚姻画像》（*Portrait of a Marriage*）。他曾在西辛赫斯特城堡里一个上了锁的莱斯顿式旅行提包内发现了一份手稿。这份手稿是他的母亲在 28 岁那年完成的。《婚姻画像》就是根据这份手稿写成的。令人感伤的是，《婚姻画像》的写作目的是为了证实萨克维尔－韦斯特对另一个女人维奥莱特 · 特莱弗西斯（Violet Trefusis，著名作家、社会名流）的那种所谓无法抵抗的深厚感情纯属子虚乌有。

虽然萨克维尔－韦斯特已经去世半个世纪了，她与西辛赫斯特城堡之间所结下的不解文学之缘却得到了很好的保存发扬。她的孙子、受人尊敬的知名作家亚当·尼科尔森（Adam Nicolson）同家人一起居住在西辛赫斯特城堡，珍藏着在庄园里成长的记忆。

20 世纪 60 年代初期，亚当只有 5 岁，经常骑着他的那辆小三轮车穿过一座又一座花园。从大型拱门出发，然后越过主草坪，穿过玫瑰园和春园，最后到达药草园。他经常引以为豪地只用不到一分钟的时间就骑完全程。但是年幼的亚当并不独占西辛赫斯特城堡。他习惯于每年同大约 2.5 万名游客分享这片大花园与城堡绿地。

亚当·尼科尔森现在仍然偶尔骑自行车在城堡各处转一转。如烟往事不时涌上心头。到了下午晚些时候各扇大门紧紧关闭时，眼前的这片地方静得出奇。他不由得想起曾经在这里写作，克服极大困难，在美丽庄园废墟上建造起一座独特大花园的那位非凡的女人。“我们尽了自己最大的努力，”萨克维尔－韦斯特在去世前对她的丈夫在信中写道，“建成了一座无与伦比的大花园。”

薇塔·萨克维尔－韦斯特 1892—1962

薇塔·萨克维尔－韦斯特出生在诺尔庄园，从小接受私塾教育，后来凭借技巧精湛的长篇叙事诗《大地》（*The Land*, 1927）荣获霍桑登奖。她创作的著名长篇小说包括《爱德华时代群像》（1930）、《耗尽的激情》（*All Passion*

Spent，1931）等作品，触及特权与继承财产等主题。她在《诺尔庄园与萨克维尔家族》（*Knole and the Sackvilles*，1947）一书中讲述了自己显赫的家族。《去德黑兰的旅客》（*Passenger to Teheran*，1926）着重描写她与丈夫，外交家哈罗德·尼科尔森在波斯度过的那段时光（她于 1913 年嫁给尼科尔森）。她那种非正统的“开放婚姻”使得她同其他女人保持着同性恋关系，其中包括同维奥莱特·特莱弗西斯那段充满激情的同性恋关系。尼科尔森的双性恋倾向和她自己的露水情缘，并没有毁掉他们之间那种牢固持久的生活伴侣关系。

梅森大厦庄园的浪漫夏天

弗朗西斯 · 霍奇森 · 伯内特 | Frances Hodgson Burnett

（只允许参观花园）

对于许多读者来说，弗朗西斯 · 霍奇森 · 伯内特（Frances Hodgson Burnett）创作的儿童文学经典《秘密花园》（*The Secret Garden*）常常能使人以怀旧的心情回想起梦幻般的漫长夏季，回想起美丽的乡村环境。梅森大厦（Great Maytham Hall）是位于肯特郡乡村深处的雄伟二级建筑。参观那里的花园会进一步在我们心中唤起想象中的儿童世界的各种景象。那座花园曾经激发过《秘密花园》的创作灵感。《秘密花园》发表于 1911 年，故事背景设置在约克郡。

1898 年至 1907 年间，霍奇森 · 伯内特租居在梅森大厦。在庄园的来访贵客中有许多当时知名的作家与戏剧界名流，比如鲁德亚德 · 吉卜林、艾伦 · 特里（Ellen Terry）和亨利 · 詹姆斯（Henry James，他当时住在附近的莱伊镇）。作为一位作家，霍奇森 · 伯内特不断从周围所见所闻当中获得创作灵感。有一天在庄园的花园里，一只孤独的知更鸟吸引了她的注意力。她随后在花园的一面色彩柔和的砖墙上发现了一扇被常青藤遮掩住的门。在门的另一面有一座杂草丛生的 18 世纪花园。紧接着霍奇森·伯内特对这座花园进行了改造。在庄园主管园丁的帮助下，她扩大了草坪景观，种植了无数花卉，修建了一条玫瑰人行道。霍奇森·伯内特之后写出了不朽文学名著《秘密花园》。待到《秘密花园》出版时，她已经离开了梅森大厦庄园。

弗朗西斯·霍奇森·伯内特发现的这座无人看管的花园始建于 1721 年，是乔治王朝时代建造的原有住宅的一部分。

霍奇森·伯内特在度过了九年幸福的租居生活后获悉，梅森大厦庄园要出售。她虽然租得起，却实在买不起。她在那里的租居生活结束了。她在寄给妹妹的信中写道：

> 居住在梅森庄园时感觉那里就是我的英格兰，在某种意义上……那个地方属于我——那是让我有家的感觉的唯一一个地方……我已不在那里居住了，这简直就是一种侮辱。一个人确实有这种需要——一种可以从一个大房间走出来进入另一个大房间的感觉——沿着廊道走去，进入一个又一个房间，然后上楼四处走动。

《秘密花园》以其引人入胜的故事跨越几十年，影响了几代人。它讲述了两个儿童因秘密花园的发现改变了自己生活的故事。秘密花园融入了他们的生活之中。他们目瞪口呆地看着那座花园焕发出生命的活力，每一个走进花园的人都像被施了魔法一般。毫无疑问，霍奇森·伯内特的这部最著名的作品被搬上了银幕。《秘密花园》被改编拍摄成三部电影，第一部是无声电影，最近一部于 1993 年发行放映。在最近发行放映的那部电影中拍摄了大量的庄园外景，很大程度上再现了原著中的哥特式氛围。由玛吉·史密斯（Maggie Smith）扮演的专横女管家给人留下了难以磨灭的印象。

梅森大厦也许早就同儿童文学的经典杰作结下了不解之缘，但是其背后还有更多的故事。现存的大厦住宅由埃德温·鲁琴斯设计改建，同霍奇森·伯内特的作品一样历史悠久。它坐落在以前的一幢 18 世纪建筑旧址上，保留了原有建筑的一部分。

梅森大厦被誉为“肯特郡最漂亮的建筑之一”，由鲁琴斯亲自设计，始建于 1909 年。这座大厦在 1958 年英国拍摄的战争影片《敦刻尔克》（*Dunkirk*）当中为法军总指挥部所在地。

鲁琴斯同园艺专家格特鲁德·杰基尔展开密切合作，后者负责设计、美化周围景观。原有建筑始建于 1721 年，由于缺乏资金，直到 1760 年仍未封顶。它同无数神话、传奇有着非常密切的联系。据一些知情人士透露，这座大宅当中有一个走私者秘密通道。另外一些人声称，有人曾经看见一个鬼魂从附近池塘里浮现出来。

现存的梅森大厦由贝里克郡（Berwickshire）自由党议会议员约翰·坦南特（John Tennant）出资修建。他邀请鲁琴斯为他修建一座与其社会地位相称的家庭住宅。鲁琴斯接受了这一艰巨任务，对于 1893 年部分毁于火灾的旧宅进行改造。他同杰基尔开展合作，确保住宅中的主要房间都能观赏到梅森大厦地面西南面的景观和罗瑟谷（Rother Valley）肥沃的乡村田野风光。

坦南特从1909年开始在梅森大厦庄园一直居住到1935年去世。第二次世界大战期间，陆军征用了这座庄园，将梅森大厦用作医疗队的士兵临时宿舍。一天有颗炸弹落在了庄园里，险些击中住宅主体，炸毁了几处暖房和部分花园。有些拍摄的照片再现了士兵抢修现场的情景。

20世纪50年代中期，在经历了一系列房主易手之后，梅森大厦陷入失修状态。周围的地面草坪情况不容乐观，杂草荆棘丛生，大有吞没珍贵大花园之势。那里曾是梅森大厦庄园引以为豪、充满欢乐的好去处。令人惊叹的拯救过程常常使人想起霍奇森·伯内特所写的神奇故事。

1955年，景观设计师安东尼·杜加尔·帕斯利（Anthony Du Gard Pasley）在罗尔文登村（Rolvenden）迷失了方向。正当他在寻找合适的倒车通道时，偶然看到了破败庄园里梅森大厦很气派的车道和杂草丛生的花园。他简直无法相信自己看到的景象。这里竟然坐落着建筑大师鲁琴斯的杰作，现在却遭到时间和自然力量的双重创伤，被人遗弃，无人关爱。杜加尔·帕斯利后来发现有人提出规划申请，欲要拆除梅森大厦，在原址上修建房屋。他随即发起了一场请愿活动，成功否决了建造房屋的计划。梅森大厦及其神奇花园终于安然无恙。

1961年庄园由互惠家宅协会（即后来的乡村住宅协会）

收购。梅森大厦被改造成公寓住房，供返回英国的武装部队人员居住。如今梅森大厦庄园归森利集团（Sunley Group）所有，并由该集团负责管理。

第二次世界大战以后，梅森大厦的这座花园大部分已杂草丛生，荆棘四处蔓延。下面的草坪对外出租放牧。原有两颗无可替代的爱尔兰紫杉树被认为对牲畜不利，构成威胁，都被砍掉。

自从弗朗西斯·霍奇森·伯内特入住梅森大厦以来，她曾经生活的世界已经变得几乎难以辨认，但是那片地方还是保存了下来。就在建有围墙的玫瑰园里，每逢温暖的夏日，她便摆放好木桌、椅子，竖起遮阳天棚。她总是穿着白色衣裙，头戴一顶硕大的女帽。遇到下雨时，她便躲在舒适的凉亭下。

一个多世纪以后，那座带有围墙的花园仍会使人们回想起她的作品所特有的神奇魅力。游客们认为夏季时的花园最美丽。情侣恋人们还将这座花园选为举行非宗教仪式婚礼的场所。这片迷人的地方曾经是一位著名英裔美国作家的室外工作场所。待到游人散去，这里会再度呈现出几乎未受现代世界侵扰的秘密花园的独特氛围。

弗朗西斯·霍奇森·伯内特 1849—1924

弗朗西斯·霍奇森·伯内特出生在曼彻斯特，是一位五金工厂主的女儿，16岁时随家人移居美国。到达田纳西州的诺克斯维尔市（Knoxville）后，她便开始写作，主要为了赚钱补贴家用。她于1873年结婚，但生活得并不幸福。夫妻二人于1898年离婚。她一生中经常回到英国。霍奇森·伯内特去世后，纽约中央公园里为她竖起了一座纪念雕塑，上面刻画的是一个男孩和一个女孩。除《秘密花园》外，她最知名的作品还包括《小少爷方特罗伊》（*Little Lord Fauntleroy*，1886）。弗朗西斯·霍奇森·伯内特一生共创作52部长篇小说，13部戏剧。大多数作品为成年人创作。她于1924年在纽约长岛去世。

令他怦然心动的旧宅

查尔斯·狄更斯 | Charles Dickens

著名艺术家约瑟夫·透纳（Joseph Turner）认为，萨尼特岛（Isle of Thanet）拥有欧洲最可爱的天空。作家约翰·巴肯（John Buchan）将其经典间谍冒险小说《39级台阶》（*The Thirty-Nine Steps*，1915）最后一章的故事背景设在了肯特郡这个风景如画的地方。这部小说的创作灵感来自于前一年夏季巴肯在肯特郡布罗德斯泰斯小镇（Broadstairs）的一次度假经历。军事历史学家约翰·基根爵士（John Keegan）在《39级台阶》最新版本的序言中写道："巴肯大量运用了周围景观中的创作素材。"

查尔斯·狄更斯在写作《大卫·科波菲尔》(*David Copperfield*，1849—1850）时也大量运用了周围景观中的创作素材和他掌握的有关布罗德斯泰斯小镇的知识。这本小说被视为狄更斯最具自传性的作品。1837年狄更斯第一次来到这个著名的海滨胜地。当时他只有25岁，却已被公认为是一名优秀作家。

他热爱布罗德斯泰斯小镇，并在1839年至1851年间每年夏季都要和家人来到这里度假。他把这个小镇称为他的“英国海水浴场”。

狄更斯一家好多年的夏季都在布罗德斯泰斯度假，在镇上租用住宅，或者住在当地旅馆里。狄更斯认为此地是“古色古香，具有英国韵味的度假胜地”。从1853年起，狄更斯一家开始在法国度假。

狄更斯在小说里刻画了大卫·科波菲尔的姨婆贝西·特洛伍德（Betsey Trotwood）这个人物形象。其创作灵感来源于玛丽·皮尔森·斯特朗（Mary Pearson Strong）小姐。她居住在布罗德斯泰斯小镇，在狄更斯来此度假时与这位崭露头角的小说家结下了友谊。狄更斯经常拜访斯特朗小姐，亲眼看着她撵走牵着驴从她家门前绿地上踏过的赶毛驴小伙计。

他在小说中把特洛伍德的家移到了多佛尔（Dover），可能是为了避免引起斯特朗小姐的尴尬。但是家的原型显然是斯特朗小姐当时在布罗德斯泰斯居住的那个小屋。

狄更斯博物馆位于布罗德斯泰斯镇维多利亚街，保留了狄更斯的朋友玛丽·皮尔森·斯特朗小姐生前住宅，尤其是二楼的原有特色与外观。

在《大卫·科波菲尔》第13章里，狄更斯提到了“一个装有凸窗，非常整洁的小屋：屋前有一个铺着碎石、精心侍弄的方形小院，开满鲜花，散发着悦人香气”。在这一章里，狄更斯充分利用了斯特朗小姐同难以管教的赶驴小伙计进行不懈较量的生活素材。他的儿子查理回忆说，斯特朗小姐坚信自己有权阻止他们没完没了地从她家前面通过。科波菲尔回忆道：

到现在我也不知道我的姨婆是否对那片绿地拥有什么合法权利。可是在她看来，她肯定拥有合法权利，这毫无疑问；反正对她来说都一样。在她的生活中有一件很不开心的事必须立刻进行反击，那就是有只毛驴常从那片一尘不染的地面上经过……一个又一个水罐、浇花水壶都藏在了隐秘的地方，她随时准备把水泼向前来进犯的小伙计。门后也藏了几根木棍，随时准备出击，不断开战……我亲眼见过我的姨婆一个人同一位15岁的黄发少年“开战”，将他那长着黄发的头猛力撞上自家大门，过了一会儿他才明白究竟是怎么一回事。

贝西·特洛伍德在《大卫·科波菲尔》中被刻画成一位脾气古怪，离群索居的热心助人者。她结过婚，但是因为丈夫生性暴戾，她不得不离开他，重新改回了娘家姓。当年幼的科波菲尔来到她的小房子里时，她把他收为养子，并把他的名字改为特洛伍德·科波菲尔。这位男孩把他的姨婆描述为“身材高大、相貌威严的女人，但是一点也不丑陋凶恶……我特别注意到她目光敏锐，两眼炯炯有神”。一开始她有些严肃，但是随着特洛伍德和科波菲尔的关系越处越近，她渐渐变得温和起来。晚年她还体会到了当作家的成功喜悦。

皮尔森·斯特朗小姐的旧宅在19世纪末成了狄更斯的住宅。后来具体还有哪些人在那里住过，情况如何，这方面所知甚少。不过众所周知，1919年这处老宅被塔塔姆一家买下，1973年首次对外开放。最初的建筑物有一部分建于都铎王朝时期，还有一部分是后来扩建的。现存故居大部分可追溯到乔治王朝后期。阳台具有维多利亚王朝时期的风格。一楼包括特洛伍德的客厅，狄更斯同皮尔森·斯特朗小姐曾多次在那里饮茶。这间客厅的家具陈设是根据狄更斯通过大卫·科波菲尔的眼睛展开的景物描写布置安排的。后来在英国文化遗产委员会的帮助下，又依照书中出现的题为“短暂会面”的部分中菲茨的描述复制了这间客厅：

> 这个房间同珍妮特或者我姨婆的房间一样整洁干净。刚才我放下手中的笔，回想室内的情景时，海风再次吹了进来，混合着阵阵花香。我又看到了被擦得铮明瓦亮的老式家具，凸窗旁的绿色圆形风扇前面摆着我姨婆不许别人乱动的桌椅；我看到了粗毛地毯，那只猫，水壶架，两只金丝雀，还有一些旧瓷器，装满干玫瑰花瓣的潘趣酒调制碗，里面藏着装着各种瓶瓶罐罐的高大橱柜。同室内其他景物形成绝妙对照的是，我带着一身尘土躺在沙发上，注视着眼前的一切。

大卫·科波菲尔逃离伦敦，焦虑不安地来到她家。贝西·特洛伍德从“橱柜”里取出几个瓶子，把配制的一些药物灌进了大卫·科波菲尔的喉咙里：

她急忙站起身来，一把抓住我将我带进了客厅。到那里她做的第一件事就是打开一个高大橱柜，从里面取出几个瓶子，把每个瓶子里的东西先后倒进我的嘴里。我想那些瓶子一定是随意取出的，因为我敢肯定我尝到了茴香水味，鳀鱼汁味，还有色拉调料味。她把这些补药给我吃完后，我仍然情绪异常激动，无法控制自己的抽泣。于是她让我躺在沙发上，用披巾垫着我的头，用她的头巾垫着我的脚，生怕我弄脏了沙发外套。

复辟楼旧宅

在狄更斯以极为夸张的手法创造的小说人物画廊中，那位命中注定此生不幸的悲剧人物郝薇香小姐（Havisham）占有非常突出的位置。作者刻画了一位绝望痛苦的女人，当年在结婚之日惨遭抛弃，孤单单地一直独守在破败的老宅里。那座老宅已经遍布蜘蛛网，到处是乱爬的有害动物，景象非常凄惨。狄更斯以典型手法描绘了一幅令人心碎的画面，使读者大受震撼，不禁悲从中来。

《远大前程》（1860—1861）中郝薇香小姐居住的怪异老宅名叫“惬意居”（Satis House），其原型是坐落在罗切斯特市（Rochester）的复辟楼（Restoration House）。狄更斯对这个城市了如指掌。1856 年狄更斯在此安家。罗切斯特市的许多一流建筑物均与狄更斯这位继莎士比亚之后知名度最高的英国作家结下了不解之缘。

查尔斯·狄更斯显然非常熟悉复辟楼的内部格局。查理二世夜宿过的那个房间在《远大前程》中变成了郝薇香小姐的卧室，而楼梯对面的客厅就是狄更斯在小说中摆放郝薇香小姐那份已经腐烂的婚礼早餐的场所。

复辟楼最初由两个中世纪时期的厢房所组成，可追溯到 15 世纪中期与 16 世纪初期。1640 年至 1660 年间，两个厢房由新建的一个厅室和中世纪风格的隔板通道连为一体。作为“郝薇香小姐闺房”原型的大屋就建在上面。大约在 1670 年又动工扩建，增修了现在看到的大厅正面部分，以及一系列复杂的楼梯和门道。

“在英格兰内战时期以前修建的其他城镇住宅的抵抗力都无法胜过这幢旧宅”，新闻记者西蒙·詹金斯（Simon

Jenkins）2001 年在《泰晤士报》上这样写道。

这幢精美的伊丽莎白王朝时代的红砖大厦位于城墙东南角。因当年查理二世在复辟前夕来过此处，故名“复辟楼”。查理二世于 1660 年 5 月返回英格兰时就借住在复辟楼。他先是在多佛尔登陆，傍晚到达了罗切斯特。第二天他继续启程赶往伦敦，并在那里夺回了王位。

虽然惬意居是狄更斯在《远大前程》中为郝薇香小姐的旧宅所取的名字，实际上他已运用艺术手法遮掩了其真实出处。这个名字取自罗切斯特市长理查德·瓦茨（Richard Watts）的故居，伊丽莎白一世曾在他家里做客。这位市长因自家住宅不够豪华而向女王道歉。女王则用拉丁语回复道：“Satis”。意思是“足够了”。如今作为市长故居的惬意居已成为罗切斯特市国王学校的行政办公室所在地。

约翰·鲍温博士（John Bowen）在最新版本的《远大前程》序言中把郝薇香小姐居住的老宅描述为“只有半疯的女人才会居住的地方——昏暗、凄凉、破败。它又像是一个童话故事或者恐怖小说里才有的地方，源自我们的梦幻最深处”。

在《远大前程》第八章里，随着毕普（Pip）这个人物的到来，狄更斯把读者的注意力吸引到了惬意居上：

> 我们在一刻钟之内来到了郝薇香小姐的住宅。那是一座凄凉的旧砖宅，安装了许多大铁栅栏。有些窗户被

堵死了；剩下的窗户下面都露出了锈迹斑斑的铁栅栏。前面有一个院子，也围上了铁栅栏。所以在按了门铃以后，我们必须等一等，看看有没有人来开门。

后来在小说中毕普认为，他要做的就是“重修这座荒凉的旧宅，让阳光照进黑暗的房间，让闹钟行走起来，把冰冷的炉床烧热，扯下所有的蜘蛛网，消灭所有的害虫。总之，要像传奇故事中的年轻骑士那样行侠仗义，光彩照人”。他从惬意居前面路过时心里就这样想着，抬起头仰视“它那破败的红砖墙，被堵死的窗户，还有那些用细枝和卷须把一根一根烟囱都给缠住的顽强的常春藤”。

复辟楼不远处坐落着由一位朋友赠送给狄更斯的瑞士小木屋。他在小木屋顶层工作，并在那里安装了多面镜子用来反射室外光。他写道：“我的房间高高矗立在树枝中间，不时有鸟儿和蝴蝶飞进飞出。”

据称，在狄更斯去世前一天有人看见他倚靠在复辟楼的大门上。复辟楼这个名字起得真是恰当。数百年来复辟楼被各代楼主反复地改进修复，如今呈现出家庭住宅的外观氛围，倒不像是一座城市博物馆了。

查尔斯 · 狄更斯 1812—1870

查尔斯 · 狄更斯出生在英国南部港市朴茨茅斯（Portsmouth）市郊，是该市造船厂海军军需处一位职员的儿子，在家里八个孩子当中排行第二。除 1893 年去世的姐姐利蒂希娅（Letitia）以外，狄更斯比家中其余孩子活的时间都长。全家先是搬到查塔姆镇（Chathem），后又迁到伦敦。在伦敦，狄更斯的父亲由于背负外债，被关进了债务人监狱。

狄更斯小时候在伦敦泰晤士河堤上的一家皮鞋油作坊当过一段时间的学徒。年轻的狄更斯先是成为一名报道众议院辩论的记者，后来又涉足报界，为《晨间记事报》（*Morning Chronicle*）和《晚间记事报》（*Evening Chronicle*）撰写新闻报道和随笔文章。他采用的笔名为鲍兹，1836 年还发表了《鲍兹随笔集》（*Sketches by Boz*）。同一年他与凯瑟琳 · 霍加斯（Catherine Hogarth）结婚，后来一共生了七个儿子、三个女儿。其中有三个孩子先于他们的父亲去世。1858 年狄更斯与凯瑟琳离婚。

1836 年狄更斯发表《匹克威克外传》（*The Pickwick Papers*），一举成为受人尊敬、深为广大读者喜爱的作家。其他作品还包括《雾都孤儿》（*Oliver Twist*，1837—1839）、《艰难时世》（*Hard Times*，1854），以及《双城记》

（*A Tale of Two Cities*，1859）等长篇小说。狄更斯晚年在罗切斯特小镇附近的盖茨山庄（Gad's Hill Place）度过。那里就是他钟爱的具有乔治王朝风格的家庭住宅所在地。狄更斯生前曾在英国和北美两地多次举行巡回演讲，公开朗读自己的作品。直到他58岁中风后，他还在创作那部去世前没有完成的长篇小说《埃德温·德鲁德疑案》（*The Mystery of Edwin Drood*）。

遇见便无法割舍的迪克斯特豪宅

克里斯托弗·劳埃德 | Christopher Lloyd

在痴迷追捧名人的当今世界里，即使是花匠园丁也常能成为家喻户晓的人物。然而于2006年去世的园艺作家克里斯托弗·劳埃德却没这么幸运。尽管他在园艺界以及众多读者中间极受尊崇，地位很高，他却从未获得名流地位。当然他本人似乎也对成为名流这一想法不感兴趣。

劳埃德被广大读者视为园艺领域的顶尖专家。他的名字与坐落在东萨塞克斯郡的他那座挚爱家宅及出生地——大迪克斯特豪宅（Great Dixter）紧密地联系在了一起。大迪克斯特豪宅始建于15世纪中期，后来又由埃德温·鲁琴斯爵士加以扩建。这座豪宅连同其花园一起，成为劳埃德生活中不可或缺的一部分。多年来它使成千上万的游客心旷神怡，大开眼界。

埃德温·鲁琴斯与当时的庄园主人纳撒尼尔·劳埃德合作，对大迪克斯特庄园进行了改造，重新设计了花园，通过特殊的紫杉树冠造型呈现出几个“空中楼阁”的形貌。鲁琴斯的影响在此显露无遗。

劳埃德花费许多时间完成了各种不同的室外园艺项目，包括挖修天然池塘、设计紫杉修剪造型。此外还增添了其他许多引人注目的园艺特色。最终他建成了一处色彩最绚丽，最使人怦然心动，变化无穷的当代著名大花园。

著名建筑家鲁琴斯也将独特风格与影响带到了大迪克斯特豪宅的花园中。一贯具有创造性的鲁琴斯以装饰与实用相结合的方式运用瓷砖，效果极佳。他甚至将一个废弃的鸡舍改造成了一条开放式凉廊。凉廊采用瓦片叠摞砌成的柱子支撑凉廊主体。

克里斯托弗·劳埃德的父亲纳撒尼尔（Nathaniel）是一位工艺美术设计师。纳撒尼尔于1910年买下了大迪克斯特，嘱咐鲁琴斯对这座当时需要修缮的住宅进行重大改建。他的主要目标是避免大迪克斯特以后再重复改建。悟性极为敏锐的鲁琴斯非常圆满地完成了这个任务。

然而，工程并未到此打住。改建工程刚刚起步时，他和纳撒尼尔抓住机会对住宅进行了扩建。当时在越过肯特郡边界的博耐顿（Benenden）附近有一座全木结构的农舍大厅。他们派人把这座大厅一点一点费力拆去后，搬到了大迪克斯特，增加了一个完整的厢房。

大迪克斯特坐落在萨塞克斯郡幽静的韦尔德地区，吸引着远近各处的游客前来参观游览。它的花园是园艺家们的乐园，而古宅具有都铎王朝时代风格的迷人室内结构陈设则对许多建筑史学者颇有吸引力。

第一次来大迪克斯特豪宅游览的游客无不为其鲜明的

特色所倾倒，尤其是那间气势宏伟的大厅。它是英国现存规模最大的全木结构大厅，以其壮丽的中世纪风格闻名遐迩。砖木结构的灰泥住宅正面，以及具有都铎王朝时代风格的门廊也非常引人注目。大迪克斯特豪宅里的陈设物品主要产于17、18世纪，是纳撒尼尔·劳埃德多年收集的成果。1933年纳撒尼尔去世。这座占地450英亩的庄园留给了他的遗孀黛茜（Daisy，她是历史名人奥利弗·克伦威尔的后裔）。

20世纪50年代中期，克里斯托弗·劳埃德建立了一个苗圃，专门用来培育奇花异木。作家薇塔·萨克维尔－韦斯特曾经把科西嘉的蓝色迷迭香的一些插条赠送给他。

劳埃德和他的母亲都热爱园艺，都是亲自实践的园艺专家。母子俩共同追求新的理念，故此常常遇到新的挑战，其目的就是为了保护并不断美化许多人眼里的那个乡村邸宅花园中的美丽瑰宝。两人的融洽合作和对园艺的共同爱好一直持续到黛茜于1972年去世。劳埃德以观点激进而著称，并深深沉迷在美术工艺式的园艺风格之中。“我不会搞园林设计”，他曾经这样说道，“我只是一边干一边挑错。”

20世纪50年代末期，劳埃德写出了以园林为主题的众多著作中的第一本专著。1963年他开始为《乡村生活》（*Country Life*）撰稿，每周撰写一篇题为《我的花园》的专栏文章。这些专栏文章的发表时间跨度总共达到40多年。直到去世那年，劳埃德还担任《卫报》（*Guardian*）的园艺专业记者。

劳埃德还撰写过有关美食方面的文章。烹饪是他生活中的乐趣之一，尤其是用自产的蔬菜水果制作美食时更是特别开心。在母亲、简·格里格森（Jane Grigson）和黛莉娅·史密斯（Delia Smith）等人的鼓励影响下，劳埃德终于成为一名烹饪高手。从其天生善于创新，又特别喜欢社交的古怪特点来看，这也不足为奇。

劳埃德喜欢直接从炉灶上做好饭菜款待家人，讨厌那些“饭菜摆放得非常诱人，带有花哨彩色例图”的烹饪书籍。

劳埃德对生活的热爱反映在大迪克斯特豪宅的日常生活中。那里经常举行宴会，招待各种在家里过夜或暂住的客人。有一次劳埃德饲养的查达斯猎犬把前来学习园艺的匈牙利客人的三明治给吃掉了。为了挽回坏影响，他特意邀请匈牙利客人们留住在大迪克斯特豪宅里。有时可以看到其他学者

作为一位园艺家，克里斯托弗·劳埃德（或者按着他当时的大名称其为“克里斯托”）勇于创新。他每周有发表在《乡村生活》上的专栏文章，充分展现了他在园艺方面的渊博学识，也表现出他在园艺方面的个人观点和见解。

和海外客人拉开睡袋就睡在大厅地板上。

晚年，克里斯托弗·劳埃德仍居住在大迪克斯特；在别处是捕捉不到他的身影的。他热爱这座住宅，尤其是那片花园。他穿着灯芯绒裤子，夹克工作服，腰间系着平底木条篮，在花园里度过了许多心满意足的快乐时光。

克里斯托弗·劳埃德 1921—2006

克里斯托弗·劳埃德曾就读于拉格比学院和剑桥大学的国王学院，攻读现代语言。在陆军参战服役后，他获得了伦敦大学瓦伊学院装饰美化园艺（设计与策划）学士学位，毕业后留校担任园艺专业助理讲师，直到1954年。在长期培育修整大迪克斯特著名的狭长花坛之后，他于1957年出版第一本专著《混合花境》（*The Mixed Border*）。劳埃德写这本专著的缘由是他希望同园艺爱好者分享其思想与经验。随后在1965年劳埃德又出版两部均被奉为现代经典之作的专著：《铁线莲》[①]与《适于小型园林栽种的乔木与灌木》（*Trees and Shrubs for Small Gardens*）。劳埃德总共写了20多本园艺专著，其中包括《精心打理的花园》（*The Well-tempered Garden*，1970）与《园艺与厨艺》（*The Garden Cook*，1997）。他与园艺好友贝丝·查托（Beth Chatto）的长期往来书信于1998年结集为《好友与园丁》（*Dear Friend and Gardener*）发表。他撰写的最后一本园艺

①*Clematis*，同约翰·特雷热（John Treasure）合著。

专著《冒险园丁的奇花异木种植实践》（*Exotic Planting for Adventurous Gardener*）在他去世后于2007年出版。

信仰不灭

亨利·詹姆斯 | Henry James

兰姆镇长旧居由莱伊小镇（Rye）[①]的镇长詹姆斯·兰姆（James Lamb）修建。这座住宅竣工之后便一举成名。1726年乔治一世在去伦敦召开议会的路上所乘船只失事，随后在兰姆镇长旧宅里留住了五个夜晚。当时身为镇长的兰姆得知情况后，便不顾眼看就要分娩的妻子，急忙赶去救助遇险的国王。他把国王请进自己在家中的那间卧室里歇息留住。后来镇长夫妇的新生儿取名乔治。

美国人亨利·詹姆斯初次看到这座住宅便一眼相中，并随后在此安家。四年后，他在这座住宅中接待了来访的英国作家 E. F. 本森。当时本森在读者中的名气还没有亨利·詹姆斯那样大。兰姆镇长旧居建于 1723 年，坐落在狭窄的鹅卵石

①莱伊小镇，位于东萨塞克斯郡，曾经加入史上有名的“海岸防御五点港口”。五点港口分别是黑斯廷斯、罗姆尼、海斯、三维治和多佛尔。

街道一角，矗立在建有围墙的大花园中。詹姆斯和本森二人在初次见面时都不会想到，有一天文学界将回想起这座住宅曾经先后被他们二人所占用，只不过居住的时期不同。

亨利·詹姆斯在签署完兰姆镇长老宅的租房协议后，在寄给 E. F. 本森的哥哥亚瑟的书信中写道："它正是我想进住的房屋；（自我了解了它以后）我朝思暮想着要搬进来住，我相信它永远不会坍塌。"

1896 年詹姆斯就对兰姆旧居情有独钟。不过一开始其迷人的魅力主要是由他的丰富想象力激发出来的。詹姆斯第一次看到兰姆旧居时，它只不过是一位建筑师朋友在伦敦家中的水彩画上所描绘的一处景观。后来的几年，詹姆斯在萨塞克斯郡避暑时，不时可以看到他“含情脉脉地注视着兰姆故居”。他不仅对莱伊小镇格外喜欢，更对兰姆旧居情有独钟。

没过多久，詹姆斯就开始考虑要在莱伊小镇上长期安家。1898年他非常幸运地发现屋主已经去世，兰姆旧居可供出租。于是他便不失时机地交付了租金，“条件比较优惠”。一年后，他花费2000英镑买下了这座住宅的永久业权。

显然，詹姆斯对于自己搬迁到莱伊小镇的决定丝毫不感到后悔。他写道：“我希望这个地方拥有的所有美好优点最终全在这里恰到好处地开花结果……兰姆旧居本身固有的温馨可人之处只会从亲身感受中体会得更加深刻。”詹姆斯对这个地方如此痴情，他甚至宣称愿意拿“整个怒气冲冲的康涅狄格州（Connecticut）”来换从他的花园围墙上拆下来的一块砖。兰姆镇长旧居何止仅仅是采用砖与灰泥修建的住宅；那里简直就是他的“世外桃源”。

詹姆斯在兰姆旧居严格执行一项写作计划，每天上午要在花园工作室里写作三四个小时。这间工作室建于18世纪中期，用作主宅的宴会厅。从顶部带有三角墙的弓形凸窗前，可以看到莱伊小镇教堂庭院和小镇中心的诱人景象（遗憾的是，1940年夏季德国人投下的一颗炸弹炸毁了花园雅舍）。詹姆斯不喜欢在文思泉涌的工作时间里被人打扰。本森在其回忆录《最终版本》（*Final Edition*）一书中，形容詹姆斯的声音“低沉回响，稍停一会儿又开始低沉回响。同时他在摆满书籍的房间来回踱步，把自己正在创作的那部长篇小说的内容口述给打字员”。由于中年时期身体不好（很可能是重复性劳损），詹姆斯被迫放弃小说的手写创作方式。

亨利·詹姆斯在莱伊小镇是一个大家都熟悉的人物，经常牵着他那只达克斯猎狗外出散步，或者去火车站迎接客人。他的挚友作家艾迪斯·沃尔顿写道：“在他的住所里我度过了一些最充实美好的时光。”

在冬季那几个月里，詹姆斯在主宅一楼的小书房里从事写作。他一生最著名、最重要的几部文学作品，包括《鸽翼》（*The Wings of the Dove*，1902）、《使节》（*The Ambassador*，1903）和《金碗》（*The Golden Bowl*，1904），均在兰姆镇长旧居里创作完成。在詹姆斯还是兰姆旧居的主人期间，不断有作家朋友登门拜访；其中有 H. G. 威尔斯（H. G. Wells），鲁德亚德·吉卜林，约瑟夫·康拉德（Joseph Conrad）和希拉里·贝洛克（Hilaire Belloc）等重要作家。客人们经常乘火车来到莱伊小镇，在车站有人迎接。他们的随身行李用手推车沿着古色古香的鹅卵石街道一直送到兰姆镇长旧居。

在为兰姆旧居怦然心动、着迷倾倒 18 年之后，詹姆斯的生活开始被身体病弱与战争毁灭性影响的阴影笼罩着。1914

年秋季，在这种残酷现实背景下，再加上潮湿冬季的潜在危害性影响，詹姆斯永久离开兰姆旧居，搬迁到了伦敦。

*

E. F.（弗雷德）本森1900年第一次在兰姆旧居留住。他的兄弟A.（亚瑟）C. 本森是亨利·詹姆斯的朋友。他同样被兰姆旧居深深吸引住了。第一次世界大战期间，在詹姆斯去世后，本森经常前往兰姆旧居去拜访当时的租户比弗太太（Mrs. Beevor）的朋友乔治·普朗克（George Plank）。由于比弗太太正在里维埃拉（Riviera）[①]假日游憩地区过冬，乔治·普朗克在兰姆旧居要住上较长时间。

1919年弗雷德·本森和他的兄弟亚瑟[②]获得了兰姆旧居的承租权。他们找到了一个合理安排租居时间的稳妥方式：弗雷德在租约规定时间内居住在那里，而亚瑟则在假期居住在那里。弗雷德在其兄弟于1925年去世后成为莱伊小镇的镇长（1934—1937），沿袭着老镇长詹姆斯·兰姆的传统。那时兰姆镇长旧居已属于亨利·詹姆斯的侄子。本森不打算买下兰姆旧居。他列举出的主要原因是没有直系后裔，另外伦敦住宅的租约时限也比较长。

本森是一位多产作家，最有名的作品就是以马普（Map）和露西亚（Lucia）为女主角的系列长篇小说。他在文学创作

---

①在法国东南部和意大利西北部。

②当时是剑桥大学莫德林学院（Magdalen）院长。

中充分利用了莱伊小镇的原型素材。莱伊小镇在他的小说里变成了蒂林（Tilling）小镇。但是几乎在其他任何方面，莱伊小镇作为他想象中的小镇都能被读者立即辨认出来。有关线索证实了这一点。美人鱼街（Mermaid Street）变成了海豚街（Porpoise Street），时钟街（Watchbell Street）变成了宵禁街（Curfew Street）。本森原来热衷于鸟类研究，因此便将兰姆旧居重新命名为马拉兹（Mallards，意为“野鸭”），并使之先后成为女主角马普和露西亚的住宅。以马普与露西亚为女主角的系列长篇小说采用漫画形式的夸张手法，剖析了英国中上层社会文化上的偏见势利心理以及狭隘虚伪的处世生态。这些小说当时得到南希·米特福德（Nancy Mitford）、诺尔·考沃德（Noel Coward）和 W. H. 奥登（W. H. Auden）等多位知名作家的认可。

在莱伊小镇居住生活了 20 年之后，1939 年末本森病倒，几个月后在伦敦去世。战后兰姆旧居转让给国民托管组织，但是它同文学界的密切缘分一直延续到 20 世纪下半叶。1967 年至 1973 年兰姆旧居租给了小说家、儿童文学作家拉莫·戈登（Rumer Godden，1907—1998）。

亨利·詹姆斯 1843—1916

亨利·詹姆斯出生在纽约曼哈顿区，父亲是一位受人尊敬的神学作家、讲师。他在哈佛大学修完法律后便开始发表文学评论和短篇小说，受到读者好评。19 世纪 70 年代他定居伦敦，创作出一些著名的作品，包括《淑女画像》(*The Portrait of a Lady*，1881) 和《波士顿人》(*The Bostonians*，1886)。他的作品主题主要是美国生活对欧洲旧文明以及欧洲政治生活最深层所产生的影响。在19世纪与20世纪之交前夕，他进入了文学创作的第二个阶段，主要创作英国题材的作品。《使节》(1903) 被视为他创作的最优秀作品，而经典中篇鬼故事小说《螺丝在拧紧》(*The Turn of the Screw*，1898) 则确立了詹姆斯在心理描写小说领域的先驱地位。1915年，詹姆斯成为英国公民。第二年，詹姆斯在荣获最高文职勋章不久后去世。他的骨灰安葬在美国马萨诸塞州剑桥市的剑桥公墓。

E.F. 本森 1867—1940

本森出生在英国公学和英国国教那种与世隔绝的纯洁环境里。他的父亲是惠灵顿学院 (Wellington College，该学院在本森出生九年前建立) 第一任院长。在老本森被任命为大臣之后，1873年全家搬迁到伦敦。三年后本森一家再次搬迁，这次是搬迁到康沃尔郡。老本森成为该郡的第一任特鲁罗主教。六年后被任命为坎特伯雷大主教。

E.F. 本森曾就读于威尔特郡 (Wiltshire) 的马尔波罗学院 (Marlborough)。他的幸福童年以及在剑桥度过的学生时代成为他数部作品的主要内容，比如《戴维·布莱兹》(*David Blaize*，1916) 和《国王的大卫》(*David of King's*，1924)。本森热衷于体育和考古，曾在希腊和埃及的古代遗址从事过考古工作。他创作的第一部长篇小说《渡渡鸟》(*Dodo*) 发表于1893年，立时成为畅销书。《玛蒙公司》(*Mammon & Co.*, 1899) 在出版发行当天便售出8000册。E.F. 本森还写作鬼怪故事和名人传记，例如，夏洛蒂·勃朗特（Charlotte Bronte)、维多利亚女王以及弗朗西斯·德雷克（Francis Drake）等人的传记。1940年，饱受关节炎之苦的E.F. 本森因患喉癌在伦敦去世。

“我们走了进去，感受到了她的风采”

鲁德亚德·吉卜林 | Rudyard Kipling

“我们看过有关她的广告。我们沿着一条大兔子窝似的小巷来到了她的面前……我们走了进去，感受到了她的风采。她的风水确实不错。我们查看了每个房间，没有发现任何遗憾、被压抑的痛苦，或者任何阴影。”吉卜林在其自传《谈谈我自己》（*Something of Myself*，1937）中以上述笔触写到了坐落在东萨塞克斯郡伯沃什（Burwash）的那座可爱住宅。

贝特曼古宅（Bateman's）由当地一位铁匠以砂岩材料修建于1634年。那是吉卜林躲避喧嚣世界，寻求安静与满足的地方。吉卜林原本住在古宅西南25英里的榆树园（The Elms）[①]旧居中。可是吉卜林的显赫名声为他的生活带来诸多不便。突然来到榆树园的大批游客经常窥视他的住宅花园，甚至有时向他家里随便张望。对此吉卜林非常不满。吉

①位于布莱顿市（Brighton）的罗丁店（Rottingdean）小镇上。

卜林成为公众人物是不可避免的，然而这却大大违背了他的意愿。

唯一可实行的办法就是另外寻找一处住宅，离群索居，完全不受打扰。1902 年 5 月 23 日，吉卜林在当地报纸上了解到他和他的美国妻子卡丽（Carrie）两年前看过的一座詹姆斯一世时期的雄伟古宅又在出售（中间曾经对外出租过）。“我们一见到她就喜欢上了”，吉卜林后来写道。

吉卜林记得最初要价超过 1 万英镑。后来他使用史密斯这个假名要求约定看房时间，最终以 9300 英镑买下了贝特曼古宅，还包括河上的一座古老磨坊和 33 英亩土地。当时贝特曼古宅的卖主亚历山大·斯克林杰（Alexander Scrimgeour）是一位股票经纪人。他似乎并不知道从他手里买房的人是英国最知名的作家。

吉卜林喜欢贝特曼古宅的花园就像他喜欢古宅本身一样，大部分时间都被他用来设计美化这座花园。他种上了树篱以遮挡外人偷窥的目光，甚至还修整出一个梨树拱门。自 1939 年后，贝特曼古宅已归国民托管组织托管。来此处参观的游人均能亲眼看见吉卜林的辛勤劳动成果，还可以在美丽的玫瑰园里漫步游览。玫瑰园是吉卜林于 1907 年在斯德哥尔摩荣获诺贝尔文学奖后设计修建的。随后那些年他又购买了更多的土地，以便躲避公共视线，更好地从事文学创作。

虽然吉卜林喜欢在贝特曼古宅幽居独处，自得其乐，但他也喜欢交际。然而，为了不让客人们停留过久，惹人讨厌，他还使出了一个妙招。他常常请客人们同他一起在花园里漫步，然后小心谨慎地带领他们从日晷前面经过。日晷显示的时间总是要快一些。于是他便暗示客人们应该离开了。

参观贝特曼古宅可以使人领略到吉卜林的精神与性格。特别是那间摆满书籍的书房，里面安放着吉卜林写作时使用的法国核桃木折叠桌。桌上摆放着笔盘，大头针，成盒的曲别针，还有一方镇纸①。古宅里展出的东方小地毯和各种东方艺术品说明吉卜林在整个大英帝国游历甚广。

书房是吉卜林焕发活力的地方。他常常在那里连续工作几个小时。吉卜林在这间书房里写出了《普克山的帕克》(*Puck of Pook's Hill*，1906）。从书房窗前看到的山坡景色曾经给他带来了创作灵感。

从吉卜林入住那天起，贝特曼古宅对他的工作便具有举足轻重的作用，推动影响着他的文学创作过程。他终于可以不受忠实狂热崇拜者们的打扰，又有了永远忠实的妻子卡丽的保护。因此他的丰富想象力在早年这些岁月里又被重新激发出来。除了《普克山的帕克》以外，他还创作出《交通与发现》(*Traffics and Discoveries*，1904)、《行动与反响》(*Actions and Reactions*，1909)、《奖赏与仙女》(*Rewards and Fairies*，1910）等作品。

---

①可能属于殖民地官员，孟加拉第一任总督沃伦·黑斯廷斯（Warren Hastings）。

贝特曼古宅坐落在萨塞克斯郡丘陵地区天然低凹盆地里，是作家隐居写作的一处理想住所。在楼上的书房里，吉卜林为他那 2000 册图书找到了藏书的地方。

各方客人络绎不绝地出入贝特曼古宅，其中有作家、出版商和政治家。吉卜林的表弟斯坦利·鲍德温（Stanley Baldwin）是位常客。吉卜林对这位保守派政治家并不放在眼里。出乎预料的是斯坦利·鲍德温于 1923 年当上了英国首相。吉卜林形容他是“彻头彻尾的社会党人”。

1914 年，在吉卜林入住贝特曼古宅 12 年后，英国卷入了战争，其影响之深已经波及萨塞克斯乡村的腹地。吉卜林意识到国家间的敌对状态将对贸易产生不利影响，因此断定最佳行动对策就是自给自足。于是他购买了 40 只羊，还养了一群纯种格恩西奶牛（Guernsey cows）为庄园提供牛奶和奶油。另外，他又投资购买了一群萨塞克斯短角牛，种植农作物。但是却找不到人手耕种土地，吉卜林主要担心的是庄园劳动力短缺的问题及其所产生的长期影响。他说只有“一个超龄的人照看 160 英亩土地和 27 头牲畜”。

贝特曼古宅在第一次世界大战期间发挥了重要作用。像其他许多土地拥有者一样，吉卜林也把部队官兵安置在贝特曼古宅住宿，将农舍变成了患有弹震症的士兵和伤兵们的避难所。

早在战争爆发之前很长时间，吉卜林便对驾驶汽车非常入迷，成了一名热衷于乘车旅行的人。不过他自己从未开过车，总是雇用司机。对他来说，即使一段不长的车程也是一次冒险经历。他非常喜欢乘坐汽车，经常给汽车协会邮寄有关备忘录。他还作为一名驱车采访的新闻记者，为国内新闻媒体撰写稿件。

然而，他的乘车经历并非总是一帆风顺。有一次吉卜林一家人在寻找住房时乘坐火车来考察贝特曼古宅，因为他们平时乘坐的那辆蒸汽驱动的汽车出了故障。贝特曼古宅的庭院里展出一辆 1928 年出产的劳斯莱斯幻影。吉卜林选择劳斯莱斯汽车作为他喜爱的交通工具。“那是我唯一能买得起的汽车”，有一次他这样一本正经地说道。

贝特曼古宅是吉卜林的精神家园，在这里他寻找到了真正意义上的完满幸福。他成为古宅的主人达 34 年之久，终生难忘。他曾经把古宅描述为“一个值得永远居住下去的真正的家园……一处安静的好地方”，言语之间表露出他对贝特曼古宅的一片深情。

鲁德亚德·吉卜林 1865—1936

吉卜林出生于印度孟买，父亲名叫约翰·洛克伍德·吉卜林（John Lockwood Kipling），是拉合尔（Lahore，今属巴基斯坦）艺术学校校长。母亲名叫爱丽丝。这对夫妇曾于19世纪60年代初期在斯塔福德郡（Staffordshire）的吉卜林湖上订婚，所以便给他们的儿子起名吉卜林。吉卜林就读于德文郡的联合服务学院（United Services College），后来返回印度做了一名新闻记者。1889年吉卜林定居英国，第二年发表第一部长篇小说《消失的光芒》（*The Light that Failed*）。1892年他同美国作家、出版商沃尔考特·巴莱斯蒂尔（Wolcott Balestier）的妹妹卡罗琳（卡丽）喜结良缘。随后发表了诗集和短篇小说集。19世纪90年代吉卜林创作了两部“丛林之书”，都是动物故事中的经典作品。半自传性作品《斯托基公司》(*Stalky & Co.*，1899）的创作灵感来源于作家当年在一所寄宿学校的生活经历。《基姆》(*Kim*）与《原来如此》(*Just So*）故事集分别发表于1901年和1902年。

第一次世界大战给吉卜林的生活蒙上了阴影，因为他唯一的儿子约翰在1915年战死于法国。

最后的 23 年，与你一起度过

亚瑟·柯南·道尔 | Sir Arthur Conan Doyle

（只可参观花园）

夏洛克·福尔摩斯侦探小说情节设置巧妙，特定时期的氛围生动入微，多年来一直使全世界数百万狂热崇拜者浮想联翩，格外痴迷。然而在作家柯南·道尔创作的这些摄人心魄的侦探小说中，那座英国乡村庄园所起的突出作用最使读者感到引人入胜。其中一个明显实例是，柯南·道尔在一部侦探小说中使用了真实而非虚构的地方作为重要故事发生的背景环境。这个地方就是位于坦布里奇韦尔斯区（Tunbridge Wells）[①] 附近的格鲁姆布里奇庄园。

柯南·道尔在生命中的最后 23 年里居住在位于东萨塞克斯郡克罗布拉夫镇（Crowborough）上的温德莱沙姆庄园（Windlesham Manor），那里距格鲁姆布里奇很近。他去过那

①英国国会选区，位于英格兰东南部。

里很多次，有时徒步而去。他的女儿琼女士还记得父亲带领自家庄园上的客人参观格鲁姆布里奇庄园时的情景。“那座古老的庄园使他非常着迷。他觉得带领海外客人参观格鲁姆布里奇庄园就是向他们展示英格兰的精髓。”她这样写道。在第一版福尔摩斯侦探小说《恐怖谷》（1915）的扉页上，柯南·道尔甚至承认格鲁姆布里奇庄园就是小说中伯尔斯通庄园（Birlstone Manor）的原型。

柯南·道尔非常准确地描绘出了庄园环境，表明他对庄园及其各处花园了如指掌。不过作家显然运用艺术手法改写了格鲁姆布里奇庄园的历史，在环境细节上也有所变动。但是研究文学的学者们认为，在《恐怖谷》中柯南·道尔几乎无意伪装一下格鲁姆布里奇庄园的本来面目。在其他作品中，努力辨识福尔摩斯侦探故事中乡村住宅的具体所在地已经成为柯南·道尔长篇小说中一个值得探讨的谜题。

格鲁姆布里奇庄园被誉为17世纪英格兰最美的经典庄园之一。当年国王查理二世的掌玺大臣菲利普·帕克（Philip Packer）根据好友克里斯托弗·雷恩（Christopher Wren）参加起草的设计方案修建了这座庄园。约翰·伊夫林（John Evelyn）[①]受邀帮助策划设计新建的休闲花园。

---

①1620—1706，英国作家，英国皇家学会创始人之一。

图中的护园河可追溯到 1230 年前后，是格鲁姆布里奇庄园保留下来的最古老的特色，里面灌有泉水，水面超过一英亩，有鲤鱼和斜齿鳊鱼在水中成群游弋。

格鲁姆布里奇庄园自 350 多年前建成以来变化不大。只是在 18 世纪增建了石头门廊，上下拉动的框格窗替代了横格门式窗。20 世纪 20 年代，庄园住宅里修建了浴室，通上了电。格鲁姆布里奇庄园有名的灌注泉水的护园河历史最为久远，可追溯到 13 世纪中期，水域面积超过一英亩。

漫步在庄园庭院，可明显地感受到格鲁姆布里奇庄园与伯尔斯通庄园之间的相似之处。格鲁姆布里奇庄园的环境使人可以感受到相应的恐怖氛围。在《恐怖谷》中，只有通过吊桥才能进入庄园。吊桥横在“美丽宽阔的护园河上，河水在寒冬阳光的照耀下显得格外宁静明亮，犹如水银泻地一般”。吊桥在《恐怖谷》中起着非常重要的作用，然而格鲁姆布里奇庄园四周实际上没有安装吊桥。

在《恐怖谷》第三章里，柯南·道尔一开始便把故事发生地移到了萨塞克斯郡，在更加广阔的背景下对伯尔斯通庄园展开了描绘。他让约翰·华生担当读者所熟悉的故事叙述人的角色。他写道：

> 伯尔斯通位于萨塞克斯郡北部边界地区，镇里聚集着为数不多但非常古老的一些砖木结构农舍。它是周围一大片乡村地区的中心，因为距离最近的要津之地坦布里奇韦尔斯位于西部10—12英里处的肯特郡境内。离镇大约半英里，在一片以高大山毛榉树而闻名的古老林地里坐落着古老的伯尔斯通庄园。这座令人肃然起敬的古老庄园建筑的一部分可追溯到第一次十字军东征时期（1095—1099），当时雨果·德·卡普斯（Hugo de Capus）在庄园中心修建了小堡垒……1543年庄园毁于火灾。到了詹姆斯一世时期，在原有城堡废墟上，一座乡间砖瓦住宅拔地而起，其中就使用了一些早被烟火熏黑的基石。

柯南·道尔在书中写到了伯尔斯通庄园的“许多山形墙，小巧的钻石形窗口……庄园住宅仍然很像建房者在17世纪初期留下的古老原貌”。他写到了过去的礼仪，写到了伯尔斯通庄园里井然有序的日常生活：“300年的人丁香火传承与回乡认祖，300 年的乡村舞蹈与猎狐者的聚会。”他还详述了伯尔斯通庄园一桩谋杀案所产生的后果，以及突然间笼罩整个庄园的恐怖氛围：

说来也怪，这种古老黑暗的行当居然将其阴影笼罩在了令人肃然起敬的大墙院内！但是话又说回来，那些尖尖的怪异屋顶，古色古香的悬臂式山墙恰恰成为残酷邪恶阴谋的遮掩角落。我（华生）望着一扇扇深凹进去的窗户，还有那长长的一片颜色暗淡、被护园河水拍打着的住宅正面，不禁觉得再也找不出更适合此类悲剧发生的环境了。

在《恐怖谷》中，华生医生在伯尔斯通庄园的花园里散步时，无意中听到两个嫌疑犯一次重要谈话的内容。亚瑟·柯南·道尔爵士证实他描写的伯尔斯通庄园及其周围环境的原型就是格鲁姆布里奇庄园。

300多年来，除拥有特权的少数人外，格鲁姆布里奇庄园里的各处花园谁也没有看见过，没有发现过。它们反映出数百年间景观设计师和园艺师们从传统概念一直到现在设计方面所具有的才华天赋。华生在《恐怖谷》中漫步的花园近百年来已经再度修建起来。为纪念夏洛克·福尔摩斯，纪念格鲁姆布里奇庄园对塑造福尔摩斯这个人物的作家所产生的影响，一座小型博物馆于1995年对公众开放。

亚瑟·柯南·道尔 1859—1930

1859年亚瑟·柯南·道尔出生在爱丁堡的一个爱尔兰人家庭，在家里九个孩子当中排行第三。父亲是一位艺术家、制图员，情绪时常大起大落。柯南·道尔曾就读于斯托尼赫斯特学院（Stonyhurst College）。他在爱丁堡攻读医学专业，遇到了他的导师约瑟夫·贝尔（Joseph Bell）。取得普通内科医生资质后，他便在汉普郡沿海的南海地区行医。后因生活贫困所迫，柯南·道尔开始尝试写作。他在南海地区当医生时创造出了夏洛克·福尔摩斯这个人物形象。这位文学作品中最著名的侦探在《血字的研究》（*A Study in Scarlet*，1887）中首次亮相。随后在长达40年的时间里，福尔摩斯这个人物先后出现在56篇短篇小说、4部长篇小说当中。就在这位伟大侦探成功破获最后一起案件三年后，柯南·道尔与世长辞。

塑造夏洛克·福尔摩斯这个大侦探形象使柯南·道尔名声大震，给他带来了快乐，也使他经济上有了保障。

但是没过多久，成功塑造的福尔摩斯这个人物也给他的写作带来了一些限制，使他感到有些失望。于是他决意在作品中让福尔摩斯遇害身亡，但却忽略了忠实读者们的切身感受。结果，针对这位大侦探的被害，读者中爆发出前所未有的强烈抗议。到了20世纪初，柯南·道尔又不情愿地让福尔摩斯死而复生。除侦探小说外，他还写出了几部历史小说，其中有《米卡·克拉克》（*Micah Clarke*，1889）、《白衣纵队》（*The White Company*，1891），以及《杰拉德准将》（*The Brigadier Gerard*）系列短篇小说。《失落的世界》（*The Lost World*，1912）是一部科学幻想小说，表现了渴望深入到亚马孙地区腹地进行科学探险的强烈心愿，成为柯南·道尔最受欢迎的作品之一。1926年他发表了新作《通灵说的历史》（*History of Spiritualism*，这是他所写的同类题材的著作中的一部）。他结过两次婚。1902年继发表《在南非的战争：根源与行动》（*The War in South Africa: Its Causes and Conduct*）一书之后（在书中他肯定了英国的所作所为），柯南·道尔被封为爵士。在第二次布尔战争[①]期间他担任过医生。

①布尔战争是英国人和布尔人之间为争夺南非殖民地展开的战争；第一次布尔战争发生在1880—1881年，第二次布尔战争发生在1899—1902年。

开满鲜花的完美隐居之地

布卢姆斯伯里团体 | The Bloomsbury Group

1916年的一天，弗吉尼亚·伍尔芙在南部丘陵地区（South Downs）漫步时，发现了坐落于萨塞克斯郡低谷中的查尔斯顿农舍（Charleston Farmhouse）。第一眼看到这座农舍，伍尔芙直觉它将成为她的艺术家姐姐凡妮莎·贝尔（Vanessa Bell）在乡村的完美隐居休养之地。查尔斯顿农舍位于弗尔灯塔（Firle Beacon）脚下，显得有些朴实无华，尤其在严冬时节看上去更是如此。从外观上来看，查尔斯顿农舍也许算不上景色最美的农舍，但是它仍然具有一定的魅力。其文学遗产以及早已离去的各位居住者的幽灵颇能使人浮想联翩，抒发思古之幽情。

在熟悉有关情况的导游的帮助下，我们可以想象出弗吉尼亚·伍尔芙在查尔斯顿农舍同姐姐凡妮莎·贝尔进行哲学辩论时的情景。据说当时正在本地逗留的大画家毕加索曾经给凡妮莎·贝尔打过一次电话。可她却拒绝与毕加索这位具有传奇色彩的大画家通话，主要原因却是用不惯电话这种新奇通信工具。

查尔斯顿农舍原来是一座砖木结构住宅。当凡妮莎·贝尔在第一次世界大战中期搬到这里来时，这座农舍尚缺乏当今合适的生活条件。在早期那些年月里，没有电话，没有通电，也没有供暖设备。

一开始实地看房时凡妮莎·贝尔并没有对那座建于16世纪的石头住宅留下深刻印象。但是几天后再去看房却使她确信住宅符合她的要求，也符合人数正在增加的家庭的要求。那位把查尔斯顿农舍转租给贝尔的农民租户绝不会想到，农舍有一天会作为著名的布卢姆斯伯里团体的夏季避暑休养之地蜚声世界，享有国际地位。

凡妮莎·贝尔很快就搬迁到了摇摇欲坠的旧农舍住宅里。搬来的可不是传统意义上的一家人。这家人包括贝尔的儿子昆廷（Quentin）和朱利安（Julian），她自己的同性恋人艺术家邓肯·格兰特（Duncan Grant）；有时还包括她那位感情疏远的丈夫，著名评论家、审美家克莱夫（Clive，他后来长期居住在这里）。邓肯·格兰特的男性朋友作家戴维·加内特（David Garnet）也是这个小团体的成员。两位男士均为和平主义者，通过在本地以农场劳动者身份受雇于人的方式设法躲避了兵役。

在经常造访查尔斯顿农舍的许多作家名流当中有李顿·斯特雷奇（Lytton Strachey），E. M. 福斯特。此外，还包括居住在本地，在农舍住宅里留有一个房间的经济学家梅内德·凯恩斯（Maynard Keynes），弗吉尼亚·伍尔芙和她的丈夫莱昂纳德①。这些作家名流均加入了查尔斯顿农舍的一个文化异端团体。其成员并不遵守传统习俗的限制，周末和漫长的夏季夜晚都在激烈辩论和研讨中度过。在查尔斯顿农舍，他们能够建立自己的享乐世界，暂时忘却令人触目惊心的现实世界中的种种无情景象。

查尔斯顿庄园农舍“确实非常可爱”，凡妮莎·贝尔在写于1916年秋季的一封书信中兴奋地大加赞扬：“（它）非常牢固，风格简洁。在他们使用的红砖燧石的漂亮结构中修筑了平墙。墙里安装了完美的平窗，铺瓦的屋顶美观精彩。”

这些“著名的查尔斯顿农舍人”热爱这片未受侵扰的乡

---

①他在附近的罗德迈尔（Rodmell）拥有一座小别墅。

村田园。正像凡妮莎·贝尔的儿子昆廷描述的那样，他们在品味享受着：

> 开满鲜花的萨塞克斯花园那优美惬意的情趣，尽管花园中年代久远的灰泥外层年复一年慢慢地在碎裂；兼用作客厅的高大工作室里放着一幅幅装饰画，按现在的眼光来看，这种装饰画只能算是装饰过分又不入时的画作。各个房间住着舒适，不是为了对外展示。墙上挂着在冒险年代获得的各种战利品。

参观查尔斯顿农舍可对当年布卢姆斯伯里团体的精神世界有所了解。这座农舍古怪离奇，与众不同，独具特色。它反映出那些了解它、热爱它并以此为家的作家名流们的精神气质、审美爱好，体现出具有高度个性化装饰特点的后印象主义风格。可看之处林林总总，足以使人浮想联翩。其中包括各种壁画以及邓肯·格兰特直接在上面作画的墙壁。

查尔斯顿农舍最为迷人之处便是那间花园客舍。布卢姆斯伯里团体的成员们经常在那里歇息啜饮，房门大开，让傍晚芬芳的空气飘进室内。T. S. 艾略特会朗读长诗《荒原》（*The Waste Land*，1922）片段（该诗由伍尔芙夫妇在霍加斯出版社[1]出版）。偶像破坏者李顿·斯特雷奇经常从他那部

---

①由伍尔芙夫妇合办。

大获成功的开创性传记作品《维多利亚名人传》(*Eminent Victorians*，1918）中引用一些段落。邓肯·格兰特则经常坠入梦乡。

查尔斯顿农舍那座带有围墙的花园由凡妮莎·贝尔和邓肯·格兰特按着罗杰·弗莱的设计方案修建而成。原来的养鸡场地和菜地铲平不见了，继而种植了许多花卉植物，修建了几条带有镶嵌图案的人行道，几处边缘砌着瓷砖的水池。

布卢姆斯伯里团体的夏季避暑地在现代主义发展的鼎盛时期成为自由表达和创造力的代名词。在这种令人欣喜的背景下，昆廷与朱利安·贝尔于1923年创办了一份内部报纸《查尔斯顿新闻简报》(*Charleston Bulletin*）。当时13岁的昆廷尽管不完全喜欢弗吉尼亚·伍尔芙的小说作品，还是主动接近这位姨妈，请她为报纸写稿。伍尔芙立即抓住这次同出版商打交道的机会。在1923年至1927年之间，他们共同合作出版《新闻简报》增刊。由伍尔芙负责撰稿，昆廷热心地绘制插图。

凡妮莎·贝尔的两个儿子昆廷和朱利安小时候在查尔斯顿农舍附近的池塘里划过小船。后来昆廷利用取自水底的淤泥制作塑像、陶罐和灯具。

《查尔斯顿新闻简报》的办报宗旨是讽刺布卢姆斯伯里团体。其温和的不恭不敬的嘲讽语气，超现实主义的离奇小幅插图、就是要让读者有一种恶作剧的顽皮感觉。任何人也逃脱不了上报的“厄运”。有一次，这份简报上甚至还提到了克莱夫的秃顶，认为造成他秃顶的原因可能是“随意将新鲜雪球抹在了保护不力的头顶上”。

查尔斯顿农舍作为一个文学艺术界的精英会聚之地，一直存在到邓肯·格兰特 1978 年去世为止。如今由查尔斯顿托管机构负责管理的这座农舍及其花园，每年接待数千名游客。

他们当中许多人对农舍里定期举办的创意工作坊、文学艺术讲座以及当地的主题行走活动很感兴趣，纷纷慕名而来。

也许让布卢姆斯伯里团体的年轻成员来向外界传递介绍这里的日常生活品味最好。昆廷·贝尔1996年去世，终年86岁。生前他曾经描述过在这个非同寻常的乱伦大家庭里长大是怎样一种情形。“这里的情况混乱，可以说名声不好，但是生活氛围却是十分惬意。”他这样回忆道。

布卢姆斯伯里团体

这是一个颇为放荡不羁的文人团体，其成员都是一些很有影响的作家、艺术家和哲学家。这个团体最先出现在伦敦的布卢姆斯伯里居住区。那里原是英国出版业的重镇，居住着许多文学界名人。布卢姆斯伯里团体的核心是弗吉尼亚·伍尔芙，也是领军人物之一。在两次世界大战之间，布卢姆斯伯里团体彻底改变了同人际关系和性自由有关的各种成见。这个团体的成员思想激进，无拘无束，绝顶聪明，全都在苦苦寻找持久的幸福。团体内部错综复杂的恋情性爱关系经常引起公众的义愤。然而到20世纪60年代开启性解放新时代时，人们再度对布卢姆斯伯里团体产生了兴趣，从而促进了各种各样的传记研究。

幸福却也悲凉的僧侣屋舍

弗吉尼亚 · 伍尔芙 | Virginia Woolf

离开僧侣屋舍（Monk's House），越过浸水的草甸，走向一英里外的乌斯河（River Ouse）畔，这等于是重走弗吉尼亚 · 伍尔芙的绝命之路。从东萨塞克斯郡沿途一带穷乡僻壤的片片田野里，从一排排树篱上，我们几乎可以真切地感受到那种悲凉的心境氛围。1941 年 3 月，在第二次世界大战爆发后不到两年，伍尔芙再次同长期纠缠她生命的病魔——抑郁症和深重的绝望情绪展开了搏斗。前一年她和丈夫莱昂纳德担心看到自己在伦敦的家园被炸毁。而眼下她又在担心战争的后果，担心从他们可爱的乡间住宅上空飞过的可怕的敌军轰炸机可能造成毁灭性的影响。

3 月 28 日，伍尔芙决定了自己的命运。她给莱昂纳德留了一张便条，上面一开始这样写道："亲爱的，我敢肯定我又要发疯了……我们无法再次挺过这可怕的时刻了。"她越过浸水草甸走向乌斯河畔。衣袋装满了石头后，她又向河水中走去。简·莫利斯（Jan Morris）在《与弗吉尼亚·伍尔芙同行》（*Travels with Virginia Woolf*）中认为："当她最终结束自己的生命时，她确实应该在英国的河水中了此一生。那条河就流淌在从她的住宅处可以看得见的地方，流淌在她所热爱的萨塞克斯郡土地上。人的精神到了最后也沉浸在那片人地的精神之中。"

1919 年 7 月，伍尔芙在路易斯[①]举行的拍卖会上以 700 英镑买下了僧侣屋舍。以前那座避暑别墅他们一直居住到租约到期。它位于贝丁厄姆村庄（Beddingham）。伍尔芙热爱萨塞克斯郡地区，尤其是对从僧侣屋舍花园看到的南部丘陵优美景色印象颇深。1928 年他们扩大了原有的那块四分之三英亩土地的面积，为的就是留住那片美景。

虽然僧侣屋舍是一处田园乐土，但其生活条件非常简陋。伍尔芙在日记中比较详细地描述了这座装有挡风板的屋舍在出售时的状况："这些房间不大，我当时自言自语着……厨房情况明显不好，有油炉却没有炉箅；没有热水，没有浴盆。至于户外厕所，我从来没有见过。"

起初伍尔芙心存疑虑，但随后意识到这座僧侣屋舍大有潜力。不过最终促成交易的两大因素是花园和周围环境：

这些谨慎的反对意见使我们保持冷静，没有兴奋

①东萨塞克斯郡首府。

起来；但是在看过那片花园的面积、形状、土壤肥沃程度和野生状态后，我们感到由衷地欢喜，反对意见也烟消云散了……我可以想象到在果树园里的苹果树下漫步时的愉快情景，教堂尖顶的灰色熄灯器指示着我的地界……僧侣屋舍里几乎看不到任何礼仪客套或精密细致的迹象。这是一座毫不虚饰的屋舍，又长又低，屋舍里有许多扇门；一面对着罗德迈尔村的道路……不过这条道路在我们这一端只是一条小车道，通向平坦的浸水草甸。

没过多久，她感到心满意足。伍尔芙夫妇用写书赚取的稿费对僧侣屋舍进行了改造扩建，使之符合自己的要求。他们改进厨房，安装了热水炉，修建了带有抽水马桶的浴室。他们用小说《达洛维夫人》（*Mrs. Dalloway*）的稿费支付了大部分改建扩建费用。1925 年伍尔芙在日记中写道："今年夏季我要通过写作赚取 300 英镑。"作品获得了成功。这样伍尔芙便开始重新设计接待室，修建了"我们使用的复合式会客就餐两用大房间，安装了五扇窗户。房梁自房顶中部向下倾斜，周围的鲜花绿叶向我们频频点头"。

他们用《奥兰多》的稿费扩建了住宅东端。那里原本要修建一间客厅，但之后变成了伍尔芙的卧室。要想到达这间卧室，必须先爬一小段修在厨房门外的室外楼梯。情绪多变、反复无常的伍尔芙喜欢自己的生活空间，喜欢写作时的那种自由奔放、无拘无束的状态。

弗吉尼亚与莱昂纳德·伍尔芙在僧侣屋舍居住时度过了幸福的时光。不过他们也觉得从板球场地传来的儿童尖叫声和隔壁教堂的响亮钟声确实非常吵闹，嘈杂，让人气恼。

除了自己的卧室外，伍尔芙还在僧侣屋舍的花园深处修建了一间专供写作用的房间。她常常在这里独自写作 12 个小时。她凝视的目光有时停留在乌斯河谷和卡朋山（Mount Caburn）上。只见小山突兀而立，俯瞰着路易斯的一处处屋顶。她常眺望南部丘陵一带，寻找创作灵感，望着它们“在渐渐消逝的暮光中由绿变蓝，犹如蛋白石一般”。

在那个写作专用房间里，如今可以看到伍尔芙夫妇摄于僧侣屋舍的许多张迷人照片。有些照片再现了伍尔芙夫妇同家人和朋友们放松休息时的情景。在花园里，在写作专用房间附近，通常可以看到一些作家、批评家和各种各样的知识分子。来客当中有 T. S. 艾略特、E. M. 福斯特，也有著名的布卢姆斯伯里文化团体成员。他们的谈话总是饶有兴味，生气勃勃。

“我们的果园是一处很适合坐下来聊上几个小时的地方”，1920 年伍尔芙在寄给欧米伽工作坊创建人罗杰·弗莱（Roger Fry）的一封书信中这样写道，“我最喜欢我们的花园面对的那片浸水草甸。你可以看到环绕在四周的每一个丘陵。”

朴实无华的僧侣屋舍按照国民托管组织的标准来看确实不大。整个屋舍走下来用时不长，总共有客厅、餐厅、厨房和卧室等几个房间。但是它却体现出伍尔芙这位英国最神秘小说家的精神个性。在伍尔芙居住于僧侣屋舍期间，室内经常可以看到不少非常奇特的“居民”：一只狨猴，几只狗，一缸鱼，甚至还有一只在大厅里筑巢的燕子。到处都摆满了书籍，其中不少是霍加斯出版社出版的书籍，封面由她的姐姐凡妮莎·贝尔亲自设计。

最初莱昂纳德和弗吉尼亚·伍尔芙曾经遭到罗德迈尔村民的怀疑。但是他们在僧侣屋舍居住期间却成为当地社区的积极成员，地位稳固。伍尔芙担任了英国妇女协会当地分会的财务主管；莱昂纳德被任命为一所学校的董事和当地板球俱乐部的财务主管。

伍尔芙的最后一部作品《幕间》（*Between the Acts*，1941）在许多方面是写给罗德迈尔村，以及萨塞克斯郡这一地区的居民和其他地方的一曲挽歌。这部长篇小说描写了在伊丽莎白一世时代的波因茨庄园（Pointz）里上演戏剧时的情景。这所豪宅的原型便是位于僧侣屋舍附近的格林德庄园豪宅（Glynde Place）和弗尔庄园豪宅（Firle Place）。小说中的描写细致入微。伍尔芙甚至还提到了屋舍筑巢的燕子和僧侣屋舍花园中的鱼塘。

伍尔芙溺水而亡之后三周，人们才发现她的遗体。对于莱昂纳德来说，伍尔芙了结生命的方式不足为怪。多年来他同伍尔芙生活在一起，亲眼看见了她遭受的折磨和深重的不幸。她的骨灰安葬在僧侣屋舍花园里的两棵榆树下面，离她钟爱的写作小屋相距只有几码之远，掩映在她无比挚爱的丘陵阴影之下。那是一片辽阔、平坦、光滑而宁静的丘陵。

妻子离世后，莱昂纳德写道：

> 一个人肯定要钉死在自己的十字架上……我知道弗吉尼亚不会越过花园走来，可是我仍然朝着那个方向张望，寻找她的身影。我知道她已溺水身亡，可是我仍然侧耳倾听她走进门来的脚步声。我知道这是最后一页，然而我还是要把它翻过去。

莱昂纳德比他的妻子多活了 28 年，他的骨灰安葬在僧侣屋舍的花园里。1969年，僧侣屋舍转交给国民托管组织。

弗吉尼亚·伍尔芙 1882—1941

伍尔芙出生在伦敦，父亲莱斯利·斯蒂芬爵士（Leslie Stephen）是《英国传记辞典》（*Dictionary of National Biography*）的创始编辑。伍尔芙从小就是家里的讲故事能手。她接受的是家庭教育，后来以《泰晤士报文学增刊》传记评论者的身份开始了自己的文学生涯。1912年她同莱昂纳德·伍尔芙结婚。1917年二人共同创建了霍加斯出版社，陆续出版了她的一些优秀的作品。她创作的第三部长篇小说《雅各布的房间》（*Jacob's Room*，1922）被认为是小说发展以及伍尔芙文学创作中的一个转折点，体现出她对于叙事手法和小说语言的开创性运用特色。《雅各布的房间》提高了伍尔芙的声望，确立了她在现代派文学运动中的突出地位。后来发表的作品，包括《达洛维夫人》（1925）、《到灯塔去》（*To the Lighthouse*，1927）以及《自己的房间》（*A Room of One's Own*，1929），反映出伍尔芙文学创作的意识流风格。伍尔芙在一生大部分时间里饱受抑郁症和自我怀疑的折磨。她的书信和日记折射出一位有缺陷的天才的个人生活及时代印迹。

灰烬后的重生

H.G. 威尔斯 | H.G.Wells

上园别墅（Uppark House）[①] 坐落在萨塞克斯郡南部丘陵地区一处环境绝佳的山顶上，是该郡最为优美的乡村宅第之一。漫步穿梭在上园别墅的各个房间，可以看到细节生动、具有乔治王朝时代艺术风格的华美室内陈设装饰。很难使人相信的是，1989 年 8 月，一名工人手中的火把不慎点燃了屋顶。结果引起一场毁灭性的火灾，大火过处片甲俱焚，整个别墅毁于一旦。二楼被完全烧毁。一楼室内的物品在消防队员和别墅人员的共同努力下大部分被抢救出来。

早在 1954 年便已收购上园别墅的国民托管组织面临着一个痛苦的抉择。是应该重建这座 17 世纪晚期的别墅，还是保持其幽灵般的废墟原貌，使其被大火烧焦的遗迹以悲凉的景象向人们述说上园别墅往昔的辉煌？经过激烈辩论和长时间

①弗瑟斯通豪（Fetherstonhaughs）家族的乡间别墅。

的审议，国民托管组织决定重建上园别墅，使其恢复火灾前的原有风采，让外界看来似乎那年夏季的可怕灾难从来没有发生过一样。国民托管组织因此面临着一项极为艰巨的任务。最终重建工程竣工，上园别墅于 1995 年再度对外开放。

在那场火灾发生的 100 年前，上园别墅是时代的缩影。它体现着维多利亚时代的社会分化、道德复杂性和庞大的特权阶层。上园别墅也反映出一种已经消失很久的生活方式——周末别墅宴会，住在楼梯下的用人，以及优雅的日常生活。年纪尚小的赫伯特·乔治·威尔斯（Herbert George Wells，H. G. 威尔斯）亲眼看见了那个世界，但却是个局外人。威尔斯既不是贵族，也不是有钱的地主。

威尔斯的父亲约瑟夫（Joseph）在上园别墅当园丁。母亲萨拉（Sarah）在别墅里给一位夫人当用人。他们夫妻二人于 1853 年结婚，后来经营过瓷器生意。威尔斯出生后，父母离异。1880 年威尔斯的母亲回到上园别墅当管家，一干就是 13 年。

母亲开始当上园别墅管家时，威尔斯 14 岁，住在用人房间里，等待着进入下一个人生阶段——在附近的米德赫斯特（Midhurst）一家药店里当学徒。后来威尔斯在长篇小说《托诺－邦盖》（*Tono–Bungay*）中描写的威姆伯赫斯特（Wimblehurst），其原型就是米德赫斯特。

刚一来到上园别墅，年纪尚小，生性敏感的威尔斯便被推进了一个完全陌生的世界。他可以从那个藏有伏尔泰和汤姆·潘恩（Tom Paine）著作的大型藏书室里借阅图书。威尔斯是一位令人惊叹的读者。这个关键的学习时期，连同他在别墅里的所见所闻（下层平民对富豪们毕恭毕敬）一起深深影响和塑造了他的政治观点。他热爱上园别墅的优美景观以及向周围蔓延扩展的绿地。但是最终他也憎恨上园别墅在更广阔的世界里所象征的不断扩大的社会差别。他写道："对于我来说，无论如何上园别墅都是生机勃勃，充满活力的。这个地方对我产生了很大影响：它所保持的生机活力足以使楼上那种微不足道的上层社会的孱弱生活黯然失色。"

在长篇小说《托诺-邦盖》中，威尔斯描写了坐落在肯特郡北部丘陵地区的一座雄伟乡间别墅。尽管它是威尔斯丰富想象的产物，那座布雷茨欧弗别墅（Bladesover）的原型却是上园别墅。不过威尔斯否认小说中的管家人物原型是他的母亲。在创作《时间机器》（*The Time Machine*）这部作品时，他在上园别墅的生活经历也很有帮助。《时间机器》反映出威尔斯对遥远未来两极分化社会的预见。书中描写的通风井把两类不同生物的领地上下连在了一起。一类是占统治地位的埃洛伊人（Eloi）；另一类是形如猿猴的莫洛克人（Morlocks），他们生活在黑暗的地下世界，只有在夜里才出来活动。

19世纪初期在上园别墅使用的通风系统也与此有惊人的相似性，能够把牛奶场、马厩、餐厅和商店连在一起。威尔斯对于通风井道、坑道与各种通道组成的黑暗潮湿的迷宫记忆犹新。这很可能给他带来了创作灵感，从而使他描绘出莫洛克人奇异的地下世界。毫无疑问，他不喜欢维多利亚时代末期出现的那种两极分化的等级社会结构。

H. G. 威尔斯 1866—1946

H. G. 威尔斯出生在肯特郡的布朗利（Bromley，现在的伦敦西区小镇），曾就读于西萨塞克斯郡米德赫斯特镇的一所学校。他后来写道："我觉得那里用鹅卵石铺成的干净街道，奇异的岔路口，意想不到的拐角，以及在小镇一侧延伸开来的公园，都非常美丽怡人。"后来威尔斯获得助学金，进入位于伦敦市南肯辛顿的科学师范学校（Normal School of Science）学习生物学，于1890年获得理学学士学位。由于创作短篇小说获得成功，威尔斯随后开始专职从事文学创作。他对生活怀有极大热情，全身心地投入工作，对现代社会问题表现出很大兴趣。他创作了多部文学作品，其中包括《基普斯》（*Kipps*，1905）和《波利先生的故事》（*The History of Mr. Polly*，1910）。最早通过发表《时间机器》（1895）确立了自己的作家声誉。威尔斯被公认为独具特色的天才作家和非凡的预言家，在科学幻想小说领域更是一位卓越的开拓性作家。

伦敦

明亮之星的孕育

约翰·济慈 | John Keats

自从诗人约翰·济慈于19世纪初期在温特沃斯寓所（Wentworth Place，现称为济慈故居）安家入住以来，汉普斯泰德（Hampstead）一带已经获得了很大发展，面积显著增加。这位诗人在此居住之后200年来，不仅这个伦敦地区最为美丽迷人的村庄发生了巨大变化，他的声望与影响也体现在这里绿树成荫的街道和主干道上。济慈故居坐落在济慈林（Keats Grove）中。距此处几条街道之遥便是济慈医疗集团医院（Keats Group Practice）。这似乎是恰到好处的布局安排，济慈当年曾经跟随一名外科医生学医，后来又在伦敦医院里当过医学专业见习学生。

所有一切均同济慈在此短暂居住时期相差甚远。当时济慈还在努力拼搏，没有什么名气，作为诗人前途未卜。当济慈刚刚入住时，温特沃斯寓所几乎跟刚刚建成的一样。这座摄政时期风格的住宅分成两个部分，但是在外观设计上看起来却是一座住宅。1817 年济慈首次来到温特沃斯寓所。当时单身汉查尔斯·布朗（Charles Brown）住在东侧。西侧空间较大，住着查尔斯·温特沃斯·狄尔克（Charles Wentworth Dilke）、他的妻子和其他家庭成员。

图中位于汉普斯泰德的济慈故居已经恢复了 19 世纪初期的建筑风格。花园中植有果树、多种植物和灌木，保持着摄政王时期的原有风貌。

济慈起初搬到了附近的韦尔沃克（Well Walk），为的是能够与他非常崇拜的诗人兼编辑李·亨特（Leigh Hunt）近一些。李·亨特的朋友圈里包括诗人雪莱和画家本杰明·海登（Benjamin Haydon）等人。济慈同布朗和温特沃斯·狄尔克成了好朋友。共同的文学理想又使他们同李·亨特走到了一起。

济慈同才华横溢的业余画家布朗的友情特别深厚，两位好友后来还曾在苏格兰一起徒步旅行。当济慈的兄弟于 1818

年去世时，布朗邀请他一起住在温特沃斯寓所他租居的那一侧房间里。他的每月租金是5英镑（大约相当于现在的250英镑），外加一半酒水费用。济慈一直居无定所，在伦敦不同区域的许多不同地方都居住过。与以前的租居住宅不同，搬到温特沃斯寓所居住使济慈有一种舒适满足的感觉。

济慈认识居住在同一个住宅里的那些人，他们也欢迎他加入他们的社交圈。那个地方就像是一个安全可靠的小社区。他也可以使用整个花园，这的确是一种意外收获。尽管他并不是房主，可仍然有宾至如归的感觉，从而使他最大限度地发挥出自己的才华。在温特沃斯寓所，济慈可以方便地接触许多有志于文学的朋友。另外他也能够比较容易地在伦敦同他的出版商约翰·泰勒（John Taylor）取得联系。

1819年春季，济慈的生活发生了极大变化。当时狄尔克一家搬走后，守寡的布劳恩（Brawne）太太和她的三个孩子搬进了隔壁房间。三个孩子中年纪最大的是18岁的姑娘芬妮（Fanny）。济慈对她一见钟情。他同芬妮深深地坠入爱河，不能自拔。那时芬妮还没有成年（按当时的标准）。另外还有其他一些障碍。济慈前途暗淡：他那两本诗集销路不好，又因为同李·亨特的那些思想激进反对政府的朋友们有来往而受到报界攻击。

济慈的直觉反应是断绝同芬妮·布劳恩的往来。然而他对芬妮的一往情深和浪漫痴迷却使他无法离开芬妮。1819年

美国雕塑家、诗人安妮·惠特尼制作的济慈半身塑像。当时正值青春年华的济慈被肺结核病折磨得异常消瘦。

春季，济慈在文学创作上颇有收获，共写出六首杰出的颂诗①以及其他许多作品。后来人们认为，济慈对芬妮的那份深厚感情是他诗思泉涌，佳作频出的主要原因。这不足为怪。总而言之，芬妮就是济慈的诗神。这对恋人私定终身，交换了戒指。不过他们并没有结婚。

1820年2月济慈患上了肺结核（尽管是早期病状）后，一时无法再见到芬妮。但是他们之间的爱情没有中断，仍然经常有书信来往，互诉衷情。济慈在患上那种夺命疾病后曾经搬到了肯特镇，后来又回到温特沃斯寓所，由芬妮亲自照料。此时，布朗已经搬出自己租居的地方，济慈因此可以充分利用宽敞的空间。1820年9月，济慈动身前往意大利，热切地希望地中海的气候会延长他的生命。济慈走后，芬妮和她的母亲继续居住在温特沃斯寓所，直到1830年。济慈的妹

①包括著名的《夜莺颂》（*Ode to a Nightingale*）。

妹也叫芬妮，同丈夫一起居住在布朗租下的那侧寓所房间里。

1838 年温特沃斯寓所成为退休女演员，乔治四世宠爱的女人伊丽莎·简·切斯特（Eliza Jane Chester）的私人房产。她将两个居住单元改建成一座房屋，并在一端增建了一间专供招待客人用的大厅。在以后的岁月里，这座住宅多次倒手变换房主。1895 年挂牌纪念济慈百年华诞。最后还成立了一个慈善团体为国家保护这座济慈故居。令人难以置信的是，1920 年温特沃斯寓所居然面临被拆除的危险。最后终于在 1925 年 5 月作为济慈纪念馆对公众开放。

济慈故居客厅里的壁炉上方悬挂着一幅济慈在这个房间里的坐姿肖像画。由约瑟夫·塞文画的那幅济慈肖像画原作目前悬挂在英国国家肖像美术馆。

济慈在温特沃斯寓所居住的 14 个月里，大部分时间用于阅读、写作。白天他经常懒散地在床上躺上很长时间。可以看到客厅的书架上摆放着济慈读过的出版物和他自己拥有的书刊。济慈在花园中写完《夜莺颂》后，便把手稿放在书架上的一排书后面。后来让查尔斯·布朗找到了。客厅里还展出了济慈非常珍爱的莎士比亚画像，那是他在游览怀特岛（Isle of Wight）时岛上的女房东赠送给他的。

济慈仅仅于去世前生活在温特沃斯寓所的两年里，经历了由衷的欢乐与满足的短暂时光。他对于芬妮·布劳恩所怀有的无法抑制的爱情，使他重新唤起对生活的热情，前所未有地发挥出惊人的创造力。在济慈的生命历程中出现的这一段极为幸福快乐的短暂时光，后来成为2009年文艺影片《明亮的星》（*Bright Star*）的主题内容。遗憾的是，对于济慈而言，他的生命之星燃尽得太快了。

约翰·济慈 1795—1821

约翰·济慈生于伦敦，是一位马厩雇工领班的儿子。父亲去世时，济慈只有八岁。他曾就读于恩菲尔德学校，并在一位药剂师那里当学徒。五年后成为盖茨教学医院的一名医学专业大学生。最终济慈弃医从文，投身于诗歌创作。他当初创作的十四行诗于1816年发表在《检查者》（*The Examiner*）杂志上。第二年济慈第一本诗集问世。在随后两年里，济慈创作出数量惊人的诗歌作品，包括神话长诗《恩底弥翁》(*Endymion*, 1818)、《夜莺颂》(1819)。1821年他因患肺结核在罗马去世，生前只有画家塞文陪伴在身边。

誓死也要守住城堡

塞缪尔·约翰逊｜Samuel Johnson

伦敦市中心矗立着一座威廉－玛丽时期修建的具有300年悠久历史的联排住宅。这座联排住宅掩映在一系列庭院和奇怪通道所组成的纵横交错的迷宫式建筑群落之中，四周是一幢幢现代办公大楼。这座联排住宅便是英国最受人尊敬，最有影响的一位作家的故居。托马斯·卡莱尔将其称为“坚固结实，由橡木支撑的老式住宅”。

这座四层楼高的住宅由羊毛商人理查德·高夫（Richard Gough）修建于1700年前后。这座住宅在伦敦大轰炸期间遭到过敌机炸弹的袭击，是同一时期伦敦为数不多的幸存住宅之一。它也是约翰逊博士在伦敦18处故居当中仅存的一处。当时这位作家支付的租金是每年30英镑。高夫广场（Gough Square）上的小花园曾经引起卡莱尔的关注，他将其形容为“比棉被略大一些”。

塞缪尔·约翰逊于1747年至1759年间居住的这座住宅

位于高夫广场17号，靠近大道舰队街（Fleet Street）的一个L形小院落里。大部分时间他都在那里编写《英语大词典》（*Dictionary of the English Language*，1755年出版）[①]的4.1万个词条。在这座住宅安有灰色镶板的房间里，可以看到他编写的两本第一版《英语大词典》，还可以看到他编写《英语大词典》时使用过的阁楼。当时他的助手就像制图员一样站在高桌旁边。

就在约翰逊搬到高夫广场前一年，他已接受委托编写一部后来使他一举成名的词典。他要为此机会付出沉重代价。这项工作花费了近10年时间，而且在此期间约翰逊常常一贫如洗，身体虚弱。

不过这座住宅完全能够满足他的要求，使他拥有合适的工作环境，离他的印刷商威廉·斯特拉恩（William Strahan）也比较近。此人后来成为约翰逊这位辞典编撰者的第一位传记作者。然而约翰逊当时经常负债，不止一次险些被司法长官逮捕。那时他们有权把债务人直接送进监狱。

有一段时间约翰逊生活特别艰难，经常入不敷出，欠下外债。他发现自己欠下牛奶商很多钱，对方要把他送进监狱。约翰逊迅速做出反应，用床堵住前门，冲门外高喊他要“誓死守住城堡”。

住宅外面靠近大门口处挂有一个1876年由皇家艺术协会

①又名《约翰逊词典》。

揭幕的蓝色牌匾。里面就是游客们刚刚到来时被领进的客厅。早些年间住宅一楼不适合接待客人。那时伦敦上空烟雾弥漫，燃煤气味刺鼻，马蹄声不绝于耳。周围街道和居民区生活条件十分恶劣。所有这一切均使得一楼的房间变得又脏又臭，难以待客。不远处便是伦敦最繁忙的大道舰队街，那里到处可见假发生产商、绸缎商、鼻烟贩子和妓女。

塞缪尔·约翰逊在高夫广场17号居住期间一贫如洗，经常愁眉苦脸，郁闷度日。图中这座住宅原来归一位名叫高夫的城市商人所有。在第二次世界大战时期，这座住宅遭到炸弹损坏。

一段松木楼梯向上通往一个供女士们饭后休息的房间。住宅一楼也是约翰逊接待各路朋友，包括政治家、演员和神职人员的地方。他既是一位很有名气的作家，又天生喜欢交际，因此就成为众人竞相追逐交往的当红主人。

然而，约翰逊渴望同别人交往还有另外一个更深一层的原因。他的爱妻泰迪（Tetty）于1752年在高夫广场住宅去世。妻子去世后，约翰逊非常害怕单人独处一室之中，几成病态。他认为要是无人陪伴他肯定会发病。于是，他便尽可能地让自己身边多来一些人围着他转。从此这座住宅里络绎不绝地来了一批又一批泛泛之交的熟人、房客和远亲。泰迪去世七年后，约翰逊搬走了，在不远处的史泰博小旅馆（Staple Inn）租下了一个较小的房间。

约翰逊去世后，他原来居住过的那座住宅经历了不同的命运，19 世纪先后被用来开设旅馆、印刷厂和仓库。1911 年，位于高夫广场 17 号的那座住宅被赫赫有名的报业大亨塞西尔·哈姆斯沃斯（Cecil Harmsworth）买下。后来他说道："在我刚刚买下那座住宅时……它已经显得十分破败、肮脏。在伦敦是否还能找出一个比它更加荒凉破烂的住宅都值得怀疑。"后来哈姆斯沃斯开始重建约翰逊故居，最终在 1914 年对公众开放。目前它已成为一个公益托管场所。

塞缪尔·约翰逊 1709—1784

塞缪尔·约翰逊曾就读于利奇菲尔德（Lichfield）文法学校，在那里培养出对英语以及拉丁文学、希腊文学的热爱。后来他依靠一小笔遗产成为牛津大学彭布洛克学院（Pembroke College）的一名大学生。由于他时常感到压抑，再加上生活艰难，没有获得学位便中途退学。不过牛津大学于 1755 年授予他文科硕士学位。后来他又获得由牛津大学和都柏林三一学院（Trinity College）授予的荣誉博士学位。约翰逊在马基特－博斯沃斯（Market Bosworth）从事了一段时间的教学工作之后又前往伯明翰，为当地一家报纸撰稿。1735年他同比他大20岁的寡妇伊丽莎白·波特（Elizabeth Porter）结婚（他昵称她为泰迪）。同一年他们在利奇菲尔德附近的埃代尔（Edial）开办了一所私立学校，但是经营不善。1737年约翰逊在演员戴维·加里克（David Garrick，曾经是约翰逊的学生）的陪伴下，离开中部地区（Midlands）前往伦敦。约翰逊的妻子后来也同他在一起。约翰逊给爱德华·卡弗的《绅士杂志》（*Gentleman's Magazine*）撰写国会报道，另外还写一些小品文、诗歌和传记文章。

1747年约翰逊受托编写一部以名家引言语录为例句的新型权威词典。尽管他编写的《英语大词典》确立了他作为英国文学大师级名家的声望，但是他仍然受到外债和生活拮据的困扰。1750年他创办了双周刊杂志《漫步者》（*Rambler*）。这是一份刊登道德主题文章的期刊，约翰逊就是幕后的匿名文章作者。他在七天之内写成长篇小说《拉塞勒斯》（*Rasselas*，1759）。1763年他遇到了自己的传记作者詹姆斯·博斯韦尔（James Boswell）。约翰逊写道："最近我带着我的朋友博斯韦尔参观领略了一个英国城镇的真正文明生活。在利奇菲尔德，我让他自由行动了。"

红亮绚丽的温馨之光

查尔斯·狄更斯 | Charles Dickens

1837 年，在一位崭露头角的 25 岁年轻作家租下第一个家庭住宅不到两个月时，一位 18 岁的公主登基成为女王，后来统治英国长达 60 多年。

狄更斯和他的妻子凯瑟琳结婚一年后，在 1837 年 3 月的最后一天搬到了位于伦敦布卢姆斯伯里区道蒂街（Doughty Street，Bloomsbury）48 号的住宅。随同他们一起搬去的还有年幼的儿子查理，他的弟弟弗雷德，只有十几岁的弟媳妇玛丽。这座住宅的租期为三年，每年租金 80 英镑。后来狄更斯把这座住宅描述为“绝对一流的家居住宅，必须费心收拾维护才行”。道蒂街 48 号那座住宅在伦敦的 15 处狄更斯及其家人的故居当中是唯一一处保存完好的故居。

位于道蒂街的这座城市住宅体现着狄更斯早年所获得的成功。这是一座大型住宅，12 个面积不小的房间分布在三个楼层上。另外还有一间地下室，一个阁楼和一座小型后花园。住宅本身较新，修建于 30 年前。道蒂街位于富人区，有居住区大门，雇用身穿制服的门卫，阻止社会上的闲杂可疑人员进入。看来安有大门的高档社区由来已久，绝非什么新鲜事物。

位于道蒂街的这座坚固住宅一共有三个楼层，12 个房间，一间阁楼，一个地下室，使狄更斯在此过着同著名作家地位相称的舒适稳定的生活。

新婚不久的狄更斯和凯瑟琳总算安顿下来。狄更斯在道蒂街度过了幸福快乐的时光。狄更斯对住宅的室内装饰很感兴趣，特意选购了适合道蒂街新居档次的家具和墙纸。晨间起居室主要供凯瑟琳和孩子们使用。大部分时间她都用在写信上，而狄更斯则在书房里埋头写作。在道蒂街居住的两年时间里，狄更斯大多处于满怀激情的写作状态，颇有收获。他在这里写完了《匹克威克外传》的最后几章，又创作出《尼古拉斯·尼克尔贝》（*Nicholas Nickleby*）和《雾都孤儿》两部作品。

狄更斯是一位训练有素、工作起来很有章法的作家，每天遵守严格的作息时间。他经常在早餐与午餐之间进行写作，然后在下午拜访自己的俱乐部，或者长时间外出散步。事实证明经常外出散步对创作非常有益。狄更斯可以从周围的所见所闻当中获得创作灵感。他观察能力极强。他在伦敦大街上散步时看到的各种堕落与苦难景象都被写进了自己的作品当中。他那种天马行空、风驰电掣般的呼啸想象力从来没有停止过驰骋纵横。有时他在道蒂街的住宅里借着烛光一直写作到深夜。摇曳不定的烛火与上下飞动的光影让狄更斯看得分外入迷。“红亮绚丽的温馨之光”，他赞叹地写道。

狄更斯的家居住宅非常喧闹，挤满了用人、客人。更有狄更斯这位举足轻重，无法抗拒的了不起的人物在场。他未来的文学成就已经铁板钉钉，毫无悬念。家中的餐厅和客厅成了道蒂街社交生活的重地。狄更斯在客厅里接待客人，通过业余戏剧表演和朗读自己的作品逗他们开心欢笑。同时他还利用自己的表演才能和说书才能生动地表现作品中的各种人物，惟妙惟肖。在餐厅里狄更斯经常举行晚宴，常有当时的著名作家和演员陪伴左右，好不风光。其中包括狄更斯的朋友兼传记作家约翰·福斯特（John Forster）。当时众人都很希望有幸受邀去到狄更斯府上做客。

狄更斯天生富有同情心，非常关注那些下层民众。因此他的作品中经常出现用人的身影，不足为怪。他对于家庭人员富有同情心的描写刻画使他广受称赞和支持，尤其受到各地用人们的认可欢迎。

道蒂街住宅的厨房体现出19世纪中期家居住宅中的劳动条件。洗衣房里的大铜锅平时要不断用来满足家里洗衣的需要，每年还要用来蒸制圣诞布丁。狄更斯后来把这一节日传统也再现于他的作品中。在《圣诞欢歌》（*A Christmas Carol*）中狄更斯提到了“在大铜锅里欢唱的布丁”。接着克拉奇太太（Cratchit）“离开了房间——她紧张得不敢多看一眼，也不敢将布丁从锅里捞出来端上餐桌”。

在道蒂街居住期间凯瑟琳生了两个女儿，玛丽和凯蒂。然而，生活中既有让人喜不自胜的幸福快乐，也有使人悲痛万分的伤心分离。凯瑟琳的妹妹玛丽·霍加斯（Mary Hogarth）在道蒂街住所去世，当时只有17岁。狄更斯对她的去世深感悲痛，为竖立在肯萨尔－格林（Kensal Green）公墓里的玛丽·霍加斯墓石写下了“年轻，美丽，善良”这样的墓志铭。狄更斯在她去世后写下了许多令人心碎的书信。其中一封写有这样的话语：“我曾经拥有的最亲爱的朋友。”玛丽过早离世后，狄更斯暂时终止了《匹克威克外传》和《雾都孤儿》的写作一个月。

两年后，人口不断增加的狄更斯一家搬到了位于摄政公园的德文郡大街1号。不过那座住宅早已被拆除。1924年狄更斯协会在一场力阻拆除狄更斯故居的抗议活动中，买下了位于道蒂街48号的那座住宅。同时还得到了49号住宅。一年后，狄更斯故居作为博物馆正式对外开放。

在后来的几十年里，陆续对狄更斯故居进行了一些改造修缮。然而大规模的改造工程于2012年，即狄更斯200周年诞辰那一年启动。客厅恢复了原有摄政时期的旧貌，然后采用新式保护技术和新工艺进行改进修缮。在狄更斯入住170多年后参观这座住宅，可以看到维多利亚时期的一些家具，各种书信、手稿和狄更斯的第一版作品。室内还展出了他在公开表演朗诵以及巡回演讲过程中使用的带有注释的作品版本。

这是一个秘密基地

托马斯·卡莱尔 | Thomas Carlyle

“切尔西[①]不是一个时髦的地方，这就是它的秘密”，维多利亚时期的作家托马斯·卡莱尔在1834年寄给他妻子简的一封书信中这样写道。那年6月，这对夫妇搬到了伦敦同一区域切恩街（Cheyne Row）5号（现为24号），租下了18世纪初期安妮女王时代建造的一座排屋式住宅。这座住宅离泰晤士河不远，每年租金38英镑。

在近200年后的今天，让人觉得不可思议的是，作为当今首都生活费用最高、最好不过的一个生活区，当年居然如此没有吸引力。“切尔西是最便宜的地方，”卡莱尔写道，“是个具有不同特点、对比鲜明的地方。有的地段非常脏乱，有的地段却非常漂亮。那里有不少古迹和名人故居遗迹，比如托马斯·莫尔爵士（Thomas More）、斯莫利特

①Chelsea，伦敦市西南部一住宅区，作家、艺术家聚居地。

(Smollett)……”

卡莱尔对切尔西以及从住宅处所看到的伦敦景象的描绘读来别有情趣：

> 我们的住宅位于河流小小转弯处的安全地段，远离所有的大路；从后窗仅能看到树木茂盛的区域，高高的老式屋顶不时零星地从树丛中显露出来。白天，我们只能看到伦敦的圣保罗大教堂和威斯敏斯特大教堂的尖顶；夜晚，我们看到的是冒犯着宁静夜空的巴比伦式大都市。

他将切恩步行街附近文人们喜欢的一段时髦的伦敦地段描述为“沿河岸延伸的美丽街区，商铺林立，绿树成荫。船只停泊在岸边，散发着货运和焦油的气味”。

卡莱尔夫妇从家乡苏格兰搬到了伦敦，为的是让卡莱尔来到文学界的中心，离编辑、出版商与其他作家更近一些。他认为搬迁到首都会使他更有机会获得写作上的成功。当时他并不富有，不过好在切恩街住宅的租金比较便宜。

卡莱尔故居住宅内部分为五层，有客厅（常被卡莱尔用作书房）、后餐厅、大厅。一楼还有瓷器陈列柜。室内布置陈设体现出十足的维多利亚时期风格，据说同这对夫妇离开这里时完全一样。在卡莱尔崇拜者们的努力下，住宅内陈放着许多卡莱尔一家人在这里租居时用的古老家具。

参观切恩街24号住宅有助于了解卡莱尔家中的日常生活安排。卡莱尔这位“切尔西圣人”经常在家接待并启迪许多艺术家、科学家、政治家，以及不少作家朋友和支持者。其中有艾略特，罗斯金，丁尼生（Tennyson）和狄更斯等人。妻子简用过的钢琴也在室内展出。1848年音乐家弗雷德里克·肖邦（Frederick Chopin）曾经在这座住宅里弹奏过这架钢琴。

托马斯·卡莱尔在故乡邓弗里斯郡过惯了平静的生活，觉得伦敦的生活环境嘈杂喧闹，令人注意力分散。于是他决定在位于切恩街的住宅修建一个隔音的书房。“就算大自然里的所有公鸡都围绕书房啼叫，我也听不到一点叫声！”卡莱尔曾经满有信心地这样宣称。

伊丽莎白·巴雷特·勃朗宁（Elizabeth Barrett Browning）与丈夫罗伯特在去卡莱尔家中做客之后写道：“我们与卡莱尔一起度过了一个晚上。他是我能想象到的最有趣的人，是英格兰地区让我赏心悦目的一道美好风景。我是卡莱尔的崇拜者。”

美国朋友艾伦·特威斯尔顿（Ellen Twistleton）写道：“卡莱尔夫妇充满智慧，说起话来让人心悦诚服。他们居住在切尔西最差的地段，生活方式极为简朴。我曾在那些教养好、不惹是生非，但是生活态度消极的人群中度过了许多时日。同卡莱尔夫妇交往，接触这样的精神氛围，对我的情感产生了美好的影响。”

卡莱尔夫妇将大部分时间用于保持通信联系，彼此通信，与家人、朋友（包括狄更斯和罗伯特·勃朗宁）通信，总共写下数千封书信。这些书信成为记录当时社会状况的珍贵资料，使我们能够深入了解切恩街24号住宅的日常生活情况。妻子简所写的书信文笔幽默风趣，尤其能使人了解家庭生活内情。狄更斯写道：“其他任何一位提笔写作的女性都无法同她相提并论。”

位于住宅顶端的卡莱尔阁楼，或者说顶楼书房吸引了许多游客。这是一个面积为20平方英尺的房间，通过头顶的天窗采光，“通风方式巧妙”。这个房间建于1854年，是住宅顶层的一个扩建部分。当时负责设计施工的利物浦工程师认识卡莱尔。按照要求，房间需修建得有隔音功能。于是前后均修建了双层墙壁，以阻隔伦敦日益增加的交通噪音和其他侵扰噪音。遗憾的是，这个扩建项目并不成功，因为建筑师没有考虑天窗这一因素。结果教堂钟声、汽船的汽笛声以及从铁路传来的哨声纷纷随风飘进室内。

简后来写道：“本想安静的房间反而成为住宅里噪声最大的房间，使卡莱尔先生感到心烦意乱。”尽管有外界的噪声不断侵扰，卡莱尔在这个房间里仍然写出了他最后一部著作，即颇有分量的腓特烈大帝的传记。写作这部名著一共用了 13 年时间。名著写成之后，卡莱尔放弃了那间特别设计的阁楼书房。这在一定程度上也算是对于妻子在 1866 年心脏病突发去世所做出的一种回应。后来阁楼书房用作女佣房间。

妻子简去世前 30 年，即 1836 年的一个下午，正当卡莱尔在切恩街的家中喝茶的时候，突然得到了一个可怕信息，令他万分震惊。他的朋友，就是那位哲学家、改革者约翰·斯图亚特·穆勒（John Stuart Mill）急急忙忙冲进屋来，对卡莱尔说从他那里借去的《法国革命史》（*The History of the French Revolution*）的手稿被焚毁了。据说一位女用人以为那是废纸，便用来点火了。

所有作家最畏惧的就是这种可怕的打击——花费许多宝贵时间，尽心尽力写成的珍贵书稿毁于一旦。共有 171 页的手稿已被“不可挽回地毁掉了”，心烦意乱的卡莱尔这样哭诉道。但是卡莱尔还是原谅了对方。“可怜的穆勒非常难过。我们必须尽量不让他知道损失有多严重。书稿可以再写。”卡莱尔确实重写了书稿，《法国革命史》于 1837 年出版，好评如潮。如今在切恩街卡莱尔故居可以看到第一部不幸书稿的残存部分。

在卡莱尔故居保存的许多手工艺品、书信和文件中，有一封本杰明·迪斯雷利（Benjamin Disraeli）写给卡莱尔的书信，内容十分引人入胜。迪斯雷利认为，多年来，卡莱尔启迪了许多作家和文学家，对维多利亚时期的社会做出了很大贡献，应该受到政府嘉奖。信中写道：

> 在人生的夕阳阶段居然还在为生活琐事烦心，实不应该。我认为一位伟大的作家没有理由不像律师或政治家一样从国家那里获得养老金。遗憾的是，女王陛下在这方面的个人权力毕竟有限。但是女王陛下仍然能够为一个作家解决一份相当于优秀研究员的俸禄。当年拥有浩然正气的约翰逊，品德纯洁正直的骚塞（Southey）便欣然接受享受了这样的俸禄。

卡莱尔婉言谢绝了上述美意。

卡莱尔故居的后花园也对游客开放。不过当年那一片片“树木茂盛的景象”已无法辨认。那间面积不大的厕所如今完好无损，仍能使用。当年卡莱尔的许多客人（包括狄更斯）都使用过那间厕所。

花园的面积和形状仍然保持着19世纪50年代时的原貌。里面种植着五彩缤纷的花卉植物和灌木，包括五叶地锦、毛地黄（洋地黄）、茉莉花、紫丁香和玫瑰，是个赏心悦目的好去处。这座花园的无花果树最为有名。卡莱尔以其忧郁、悲观的世界观而著称。他经常来到这座花园里修身养性，身穿便袍，头戴草帽，叼着烟斗。他在伏案的间隙经常擦洗后门石板台阶。他非常喜欢干这个杂活，认为这是对写作活动的极好调剂。

1885 年艺术家本杰明·克莱斯威克制作了一个托马斯·卡莱尔圆形金属塑像，后来被安放在一块饰板的中心，镶在了卡莱尔故居正面的墙壁上。

在托马斯·卡莱尔去世 14 年后，切恩街 24 号成为伦敦作为文学圣地第一个对外开放的作家故居。这座作家故居通过公众捐助的方式被收购，其中赫伯特·格拉斯顿（Herbert Gladstone）阁下捐了一个基尼[①]，亨利·詹姆斯捐了 5 英镑。国民托管组织的三位创始人之一卡农·哈德威克·罗恩斯利（Canon Hardwicke Rawnsley）也提供了一些资金。1936 年卡莱尔故居转交给了国民托管组织。

①英国旧时金币名，合 1.05 英镑。

托马斯·卡莱尔 1795—1881

卡莱尔是一位石匠的儿子，出生在邓弗里斯郡（Dumfriesshire）的埃克尔费亨（Ecclefechan）。他曾就读于爱丁堡大学，毕业后在苏格兰安南（Annan）与柯科迪（Kirkcaldy）两地从事过短暂的教学工作。1818年卡莱尔回到爱丁堡攻读法律，但很快又迷上了德国文学。1824年由他翻译的歌德作品《威廉·迈斯特》（*Wilhelm Meister*）引起伦敦颇有影响的文学界人士的关注。1826年他与简·韦尔斯（Jane Welsh）结婚。在爱丁堡生活两年后，卡莱尔夫妇搬到了位于邓弗里斯附近克雷干帕托（Craigenputtock）一家属于简·韦尔斯的农场。后来他们长期定居在伦敦。《衣裳哲学》（*Sartor Resartus*）是卡莱尔撰写的第一部有关社会哲学的重要著作，以分期连载的形式发表在《弗雷泽杂志》（*Frazer's Magazine*，1833—1834）上。

英格兰中南部

摇摇欲坠的魅力之地

约翰·贝杰曼｜John Betjeman

（只能参观花园）

英国作家伊夫林·沃描述它“阴暗潮湿，境况凄惨”。但是就住宅而论，法恩伯罗市（Farnborough）的这座教区长古宅（Old Rectory）颇不寻常。它甚至拥有伯克郡（Berkshire）最高的浴室，高出海平面700英尺。自从其最著名的住户约翰·贝杰曼及其家人在二战刚刚结束时来此居住以后，住宅里的陈设家具一直保持着原样。

1945年5月，正当英国庆祝在欧洲战场取得的胜利时，贝杰曼的岳父——陆军元帅切特伍德（Chetwode）勋爵买下了被拍卖的教区长古宅。这座住宅始建于18世纪中期，一个牧师家族世代在此居住，直到第二次世界大战结束。切特伍德勋爵花5100英镑买下了这座住宅送作贝杰曼夫妇迟来的结婚礼物。他们夫妇二人于12年前喜结良缘。

贝杰曼的妻子佩内洛普（Penelope）后来在寄给朋友的书

信中写道：

父亲为我们买下这座具有威廉－玛丽时代风格的漂亮住宅。它海拔高度为700英尺，坐落在开阔的高地上，俯瞰着旺蒂奇（Wantage）[①]。它拥有12英亩土地，包括一片林地，两片田地。这是一个美丽的梦，但是却阴暗无水，摇摇欲坠，需要雇用六个用人。由此看来，它最终有可能会害惨我们。

约翰·贝杰曼在1945年初次看到法恩伯罗市的那座教区长古宅时，将其形容为“肮脏不堪，但是房屋内部看上去却非常漂亮”。建筑史学者普遍认为这是矗立在丘陵地带美妙环境中的一座出类拔萃的住宅。

贝杰曼的女儿——作家坎迪达·利塞特·格林（Candida

①英国国会选区。

Lycett Green）在其童年回忆录《苦乐年华》（*The Dangerous Edge of Things*）中回忆起从井里用手泵提水时的情景："浴室位于住宅顶端，地板上铺着褐色亚麻油地毡。水从井里一抽上来，浴室里的水龙头便开始流出很细的水流。只有我们的住宅和三间农舍里有自来水。"在战后艰难的岁月里，坎迪达和哥哥保罗在法恩伯罗度过了艰辛却也幸福的童年时光。就连鹅毛大雪都成了他们简朴生活中不可抹去的回忆。

贝杰曼的朋友伊夫林·沃在教区长古宅里留住过许多次。第一次去过后，他对作家南西·米特福德女士说，那座住宅"散发着乡村店铺的气味——油味，奶酪味，火腿味，还有洗衣味"。他在1946年10月31日那天写下的日记中回忆道，他前去"拜访贝杰曼一家人，同他们相聚在位于山毛榉树丛中，俯瞰着旺蒂奇的教区长古宅。室内阴暗无光，通风不良，狭窄寒冷，到处都是马具。还有一些19世纪带有插图的精美图书。佩内洛普做出的饭菜很可口。我买来了雪莉酒，勃艮第葡萄酒和波特酒"。

贝杰曼一家人竭力要使教区长古宅变成自己的家居住宅。贝杰曼这位诗人把获得古宅的过程比作"购买一幅精美的塞尚画作"。在法恩伯罗他要拥有一间摆放他那些大量古籍的藏书室（到他去世时，古籍数量已达5000册）。他一直最想搬到"绅士的住宅"里去。贝杰曼在教区长古宅居住期间文学创作上很有收获。1948年他的《诗选》荣获海涅曼文学奖。除其他许多作品外，他还撰写了《穆雷版伯克郡建筑指南》

（*Murray's Architectural Guide for Berkshire*, 1949）一书。约翰·贝杰曼以教区长古宅为家，在那里居住了六年。但是那一段时间里并非没有痛苦烦心之事。住宅本身成为一个长期的经济负担。后来他又把那座住宅同他已陷入困境的婚姻中出现的第一道严重裂痕联系起来。1951 年贝杰曼一家以 1.1 万英镑的价格出售了住宅，随后搬到附近的旺蒂奇一带。佩内洛普在那里开了一间茶室。

教区长古宅具有经典的英国式设计风格，朝南的正面漂亮雅致，多年来一直吸引着建筑史学者和贝杰曼的热心支持者。几乎每一天都有从附近经过的驾车游行的人和漫步者投来仰慕的目光。这座古宅曾于 2008 年获得英格兰享有声望的最佳牧师住所奖。古宅坐落在里奇韦（Ridgeway）乡村地带，靠近伯克郡与牛津郡交界处，从公路上可以看得一清二楚。

始建于 1749 年的这座教区长古宅拥有一个中心钟棚，是在古宅建成 90 年后增建的。安放鸣钟的作用是把本地儿童召唤到当时设在教区长古宅里的乡村学校读书。在古宅居住期间，贝杰曼每年都要在儿子生日那天亲自鸣钟祝贺。

坎迪达·利塞特·格林对于那口古钟及其周围的环境记忆犹新：

> 我们居住的红砖教区长古宅离大道不算近，高高的山毛榉树遮掩着古宅东侧和前面宽阔的草坪。一口钟悬挂在位于屋顶的俯冲拱石下面。敲钟时要拉动往下越过

两个楼层直入大厅内的一条细铁链。在宁静的日子里，尖利的钟声飘荡在方圆一英里左右的田野、森林上空。母亲经常敲钟召回我们吃饭。

法恩伯罗教区万圣教堂塔楼西窗彩绘玻璃上描绘的是耶稣复活象征图案。这扇窗户是纪念贝杰曼的一处文物，在夜光中五彩缤纷，美不胜收。

教区长古宅现在的主人迈克尔·托德亨特（Michael Todhunter）夫妇于1964年搬进这座住宅。自从他们买下这座古宅以来，大体上保持了原来的风貌。他们只是增建了一个面积不大的更衣室，并在室内设计师道格拉斯·克拉克

（Douglas Clark）的帮助下改建了会客室。他们的前任房主帕特·劳伦斯（Pat Lawrence）先生曾对古宅进行过较大改建，在东侧新建了一个引人注目的圆顶客厅。托德亨特夫妇也继承了由贝杰曼开创的远近闻名的鸣钟传统。

教区长古宅对面是郊区的万圣教堂。从古宅穿过那片14英亩园地的直达大道，沿着一条令人赏心悦目的林间小路即可到达万圣教堂。那座教堂的一个非常鲜明的特点是那扇由约翰·派珀（John Piper）设计的贝杰曼纪念窗。

虽然搬到了旺蒂奇一带，可是约翰·贝杰曼的心神似乎留在了教区长古宅。他有时还会回到那里。他在所写的唯一一本儿童读物《阿奇与严格的浸信会教友》（*Archie and the Strict Baptists*，1977）当中，讲述了从牛津郡阿芬顿（Uffington）原来的家搬到法恩伯罗的过程。他在那个村庄里生活居住的时间比较短暂。但是那座住宅却为他留住了许多回忆，让他浮想联翩，心潮难平。

约翰·贝杰曼 1906—1984

约翰·贝杰曼出生在北伦敦的海格特区（Highgate），父亲是家具生产商，其姓氏源于荷兰。贝杰曼从小就显露出写诗作文的才能。他在读书期间研究过维多利亚时期的建筑，从而对那个时期的建筑重新产生了兴趣。他上初中时曾是T.S.艾略特的学生。贝杰曼后来就读于马尔波罗学院和牛津市的莫德林学院。他早年干过的一份工作是在白金汉郡杰拉兹克劳斯（Gerrards Cross）的索普（Thorpe）走读学校担任预科教师。

20世纪30年代，贝杰曼参与编辑了大受欢迎的系列丛书《壳牌版英国各郡指南》（*Shell Guides to English Counties*）。后来在第二次世界大战期间在都柏林担任新闻专员。早期生活中的一个突出成绩是发表了无韵诗自传《钟声的召唤》（*Summoned By Bells*，1960）。诗集包括《古老钟楼里的新蝙蝠》（*New Bats in Old Belfries*，1945）、《迟开的菊花》（*A Few late Chrysanthemums*，1954）。1969年他被封为爵士，1972年当选桂冠诗人。

约翰·贝杰曼的开怀笑声极富感染力；另外他那种吃惊的表情、恶作剧般的幽默感，也足以表明他天生就善于表演。他技巧娴熟，才华横溢，非常适合电视这种传媒媒介。他那种倒霉蛋一样的离奇风格、讨人喜欢的古怪模样，在他居住于法恩伯罗期间也曾显露出来。据托德亨特夫妇透露，有一次贝杰曼居然在车库门都关闭的情况下把车倒了出来，轰动一时。

景仰未减，依然如故

C.S. 刘易斯 | C.S.Lewis

要想描绘一下20世纪中期时的C. S. 刘易斯故居，必须要有超强的想象力。当刘易斯在1930年7月第一次看到窑厂住宅（The Kilns）时，周围环境基本上都是乡村景象。刘易斯的兄弟沃伦（Warren，大家也称他为沃尼）也居住在窑厂住宅，他在日记中写道："那座住宅距庭院大门口很近，坐落在肖特欧瓦（Shotover）森林边缘一条狭窄小巷的尽头。这条小巷的另一端不远处是一条路况很差、人迹罕至的道路，使靠近大城镇的地方变得极为隐蔽僻静。"

肖特欧瓦曾经是皇家狩猎森林，如今郁郁葱葱，树木茂盛。而那些通往窑厂住宅的粗陋小巷早已面貌一新，以服务于战后不断扩张的住宅小区及民房建设发展大局。沃尼提到的"大城镇"其实就是牛津市，在西边不远处，位于环形公路另一侧。

沃尼在日记中描述了他和刘易斯（大家都称他为杰克）

那天从外面第一次看到窑厂住宅时的情形。“杰克和我外出看到了那个地方，我立刻就有一种不错的感觉。当时我们并没有进入住宅里面，但是那座占地 8 英亩的花园却是令我们憧憬的地方。我从未想过这样的花园也会成为商讨购房的内容。”他还提到了两个砖窑就位于住宅的左侧，也是窑厂住宅的命名由来。刘易斯搬到那里时，两个砖窑已经破败不堪。住宅前面有一片草坪，一个网球场，还有一个水池。沃尼写道：“再往前就是地势陡峭的荒野，沟壑交错，坑洼不平，一直延伸到顶部有一块多蓟草地的低矮峭壁。接着这片住宅地产便在几乎成林的一片茂密杉树丛中的地界上画上了句号。站在峭壁上眺望远方朦胧的蓝色美景，真是令人心旷神怡。”

C. S. 刘易斯花费 3300 英镑买下了这座建于 1922 年的住宅。因此刚买到手时住宅看上去还比较新。刘易斯居住在窑厂住宅的 30 年间生活从未显得单调乏味。不过家庭事务方面的安排处理即使在今天看来也颇不寻常。杰克和沃尼是窑厂住宅的共同拥有者，另外还包括第三方珍妮 · 穆尔（Janie Moore）太太。杰克在读大学时就曾经寄宿在她家里。穆尔太太比刘易斯大 26 岁，是刘易斯 1917 年在牛津基布尔学院读书时的室友弗朗西斯 · 穆尔（Francis Moore，绰号“爱尔兰佬”）的母亲。刘易斯向穆尔太太许诺，如果他的朋友在第一次世界大战中丧生，他会负责照料他的母亲和妹妹。1918 年弗朗西斯 · 穆尔战死沙场。刘易斯果然信守承诺，于是穆尔太太和女儿就搬来窑厂住宅居住。

1930 年夏季，当 C.S. 刘易斯第一次看到窑厂住宅时，其周围环境与今日相比大相径庭。当时附近有几个破败砖窑，后来被用作储煤仓库。

刘易斯和穆尔太太虽然以母子相称，他们之间的关系明显有暧昧之处，很可能建立在浪漫爱情的基础上。不过由于穆尔太太的到来，使得刘易斯的生活变得井井有条，更加稳定了。他们没有睡在一起，但是他们的房间紧挨着。刘易斯的卧室位于住宅的一端，只有走过穆尔太太的房间才能进入卧室里面。也许出于礼节上的考虑，刘易斯通过一个室外楼梯出入卧室。不久，刘易斯便与其他人一起在窑厂住宅里开始过上了舒适惬意的日常生活。只是穆尔太太和沃尼之间却时有冲突，因为沃尼是个酒鬼。

刘易斯的时间分别在窑厂住宅和莫德林学院度过；他在莫德林学院的新楼里有自己的房间，对面是一片时有鹿群出没的秀美绿地。他非常喜欢在莫德林学院的生活；1925 年，他在学院里当选为研究员兼导师。同一时期他在窑厂住宅的生活也很快乐，大部分的业余时间都在那里度过。住宅里总是洋溢着欢乐和笑声，来访客人络绎不绝。另外他们还经常就各种著作和文学问题展开热烈的讨论和争论，与此同时在楼上的一个房间里莫琳(Maureen)拉着自己的小提琴。

在刘易斯居住期间，窑厂住宅里总是响起谈话声和开心的笑声。刘易斯的同时代好友 J.R.R. 托尔金是这里的常客。

第二次世界大战期间，搬离家园的一些儿童赶来居住在窑厂住宅。欧洲再度陷入混乱，悲观的气氛笼罩着伦敦。前途未卜，每个人都意识到了这一点。在疏散儿童的鼓励下，刘易斯开始为他们写一个故事，讲述四个儿童由于敌人轰炸必须撤离伦敦的经过。他们赶往乡下同一个独居老教授住在一起。也许这就是纳尼亚传奇故事《狮子、女巫和衣柜》(*The Lion, the Witch and the Wardrobe*)的构思创作的由来。然而没过多久刘易斯便不再继续写作这篇原创故事。10 年之后才又续写前篇。

1950 年窑厂住宅的生活发生了新变化，已经年近 80 岁的穆尔太太住进了养老院。第二年年初，她与世长辞。由于住宅里缺少了一位有定心丸般影响的女人，刘易斯便过上了中年单身大学教师的凌乱生活，同沃尼和一位厨师住在一起。在许多方面他又回到了大学生时代的生活。但此时他已年过50了。

刘易斯选择的生活方式对窑厂住宅产生了不可磨灭的影响。室内散发着烟草气味，墙壁被尼古丁熏得发黄。窑厂住宅邋遢肮脏的外观，在许多方面同刘易斯本人的褴褛寒酸外貌倒是相配相称。他的穿着装束既不整洁，又不时髦。他还有个不雅的习惯，好把点燃的烟斗放在衣袋里。结果很快就在衣服上烧出个窟窿。

多年来，窑厂住宅的布置装饰几乎没有任何变化，窗帘破旧，还是灯火管制时期使用的那一类。刘易斯认为没有更换的必要。他虽然生活节俭，但为人善良慷慨，把大部分收入都捐给了别人，尤其是寡妇和儿童。

20世纪50年代（是战后生活艰难的10年）初期对窑厂住宅影响不大。在这一时期的大部分时间里，刘易斯专心致志地从事着《纳尼亚传奇》（*The Chronicles of Narnia*）的创作，第一部是《狮子、女巫和衣柜》（1950）。六年后创作结束，刘易斯发表《最后的战斗》（*The Last Battle*）并以此荣获卡内基奖章。这些传奇故事发表后，刘易斯收到的读者来信如雪片般飞来。1950年1月的一天，他收到一封女人的来信，从此改变了他的生活。

写信者乔伊·格瑞沙姆（Joy Gresham）是美国人，出生在纽约，信仰共产主义，父母均为犹太人。她与威廉·格瑞沙姆（William Gresham）结婚后生有两子。但是由于丈夫对她不忠，又有酗酒的不良习惯，所以婚姻生活过得不幸福。1946 年乔伊皈依基督教，后来曾在好莱坞为米高梅电影公司做过电影编剧。她发表过一部诗集，写过几部长篇小说。在她给刘易斯写信两年后，两个人终于见面了。当时她在英格兰要找一家出版商发表自己的作品《烟雾山顶》（*Smoke on the Mountain*）。

离婚后乔伊来到了伦敦。她和两个儿子同刘易斯一起住在窑厂住宅。乔伊的到来开始对刘易斯产生明显的影响。刘易斯比她大 17 岁，非常喜欢和她在一起。不过他又觉得很累。这一时期乔伊在经济上苦苦挣扎，手头拮据。刘易斯认为去牛津生活在经济上对她有利，最好是前往离窑厂住宅只有一英里左右的海丁顿镇生活。

同乔伊·格瑞沙姆相遇唤醒了刘易斯早已麻木的那份情愫。他觉得乔伊头脑聪慧，反应机敏，能激发别人的活力，因此被她深深地吸引住了。她也爱上了刘易斯。1955 年乔伊从伦敦前往海丁顿。但是他们的幸福时光注定要走到头了。

有一次乔伊跌倒后被送进了医院，接着被诊断患有乳腺癌。病情预测前景不佳，乔伊将不久于人世。这一结果犹如晴天霹雳，使刘易斯更加清醒地意识到他爱乔伊有多深，多想同她结为夫妻。婚礼举行完后，谢天谢地，曾经对他们的婚姻形成威胁的癌症很快便进入缓解期。死刑暂时解除了。

沃尼和新婚的哥哥在窑厂住宅护理着乔伊。大多数时间乔伊只能卧床养病，但是她的聪慧机智时常引起开怀的笑声回荡在住宅内外。他们在极为悲苦，极为有损人的尊严的环境下竟也感受到了幽默风趣。即使便盆也能带来乐趣。他们把它命名为《暴风雨》中的卡利班（莎士比亚名剧《暴风雨》中半人半兽形怪物）。

最后，乔伊因乳腺癌病情恶化，于1960年在医院去世，终年45岁。他们在窑厂住宅中共同度过的时光虽然短暂，但是幸福美满。三年后，即1963年11月，刘易斯在窑厂住宅中去世，距他65岁生日只差一周的时间。去世前，刘易斯的健康情况连续几个月持续下降，7月份心脏病发作更是雪上加霜。刘易斯的去世几乎与20世纪最为悲情的重大事件——美国总统约翰·肯尼迪在达拉斯市遇刺同时发生（连计时的时间都相差无几）。这也难怪刘易斯去世的消息在媒体上报道不多。

10年后沃尼于1973年去世，窑厂住宅也转手出售。后来的历任房主在住宅内部做了许多改动，室内装饰也反映出不同时期的特点。壁炉和烟囱被拆除，原有的窗户也被换掉。1984年这座住宅又处于严重失修状态，再次挂牌出售。

如今窑厂住宅为一家美国基金会所有，已成为由研究生和教师组成的促进基督教各派大联合群体的活动基地。他们通过学术活动、反思、写作与热烈讨论，继承发展最有影响的通俗作家、神学家C. S. 刘易斯留下的宝贵文化精神遗产。在这座住宅里还经常举行学术会，研讨会和专业集会。窑厂住宅已经恢复了刘易斯居住时期的原有风貌。其鲜明的质朴风格以及朴实无华的陈设装饰呈现出一个完全不同的生活世界。每周都有络绎不绝的游客参观窑厂住宅，其中有一些文学学者和纳尼亚传奇故事的热心读者。他们对于作家刘易斯及其作品的景仰之情丝毫未减，依然如故。

C.S. 刘易斯 1898—1963

C.S. 刘易斯（克利夫·斯戴普勒斯·刘易斯，Clive Staples Lewis）出生在北爱尔兰首府贝尔法斯特郊区的邓迪拉（Dundela），父亲是位清教徒律师。1916 年刘易斯获得牛津大学的古典学术助学金；1917 年加入萨默塞特郡（Somerset）轻步兵部队，跨海前往法国作战。1918 年刘易斯在法国西北小镇阿拉斯战役中负伤，随后一直疗养到战争结束。1919 年回到牛津大学读书，后来担任牛津大学莫德林学院英语语言文学专业研究员、导师，长达 29 年。他教授盎格鲁-撒克逊语言、哲学、政治理论和英国文学等课程。刘易斯最初是一位不可知论者，但后来皈依了基督教。从外表上来看，他非常符合邋遢学者的形象：秃顶专业人士，牙齿和手指被尼古丁熏得发黄。然而不扬的外貌却掩盖着内在的一些品性。刘易斯天生喜欢吵闹，幽默风趣，面色红润，爱喝啤酒。美国演员安东尼·霍普金斯在影片《幻境》[1]中塑造的刘易斯的形象同他本人几乎没有任何相似之处。

在牛津大学莫德林学院，刘易斯由于不修边幅，举止随意，经常被当成杂务工或园丁。20世纪40年代著名演员罗伯特·哈代（Robert Hardy）曾在莫德林学院读书。哈代一想到要同非常了不起的导师见面心里便感到恐慌。有一天，在学院周边区域，哈代看见一位身穿破旧夹克衫，下身穿灯芯绒宽大裤子的人向他走近。此人从哈代旁边走过，又转过头来问道："你是哈代吗？"此人正是C.S. 刘易斯。然而哈代起初却以为他是学院的园丁。很快弄清楚了刘易斯的身份后，这位胸怀大志的学员不久便发现他的导师幽默风趣，令人愉快。师生两人相处得非常融洽。

刘易斯本人不开车。他参加过17次驾驶执照考试，一次都没通过。所以，平时只好让他的园丁兼杂务工弗雷德·帕克斯福德（Fred Paxford）等人为他开车。帕克斯福德是个地道的乡下人，说话带有明显的科兹沃尔德（Cotswold）粗喉音。他就是纳尼亚传奇故事《银椅子》（*Silver Chair*）中帕多戈拉姆（Puddleglum）的人物原型。帕克斯福德与刘易斯同岁。

《纳尼亚传奇》分为七部，共有29种语言版本，销售量达到8500万册。除《纳尼亚传奇》外，刘易斯还写

---

①*Shadowlands*，1993，根据威廉·尼克尔森（William Nicholson）的剧本改编拍摄。

有《魔鬼书信集》（*The Screwtape Letters*，1940）[①]。这部作品以其宗教主题而闻名，是刘易斯针对无神论四处扩散的威胁而创作的作品。他还写有科学幻想小说三部曲《沉默的星球》（*Out of the Silent Planet*，1938）、《漫游金星》（*Perelandra*，1939）、《那股邪恶力量》（*That Hideous Strength*，1945）。他创作的第一部诗集《被缚的精神》（*Spirits in Bondage*）发表于1918年。

2013年11月22日，刘易斯纪念碑在威斯敏斯特大教堂诗人角正式揭幕，以纪念刘易斯逝世50周年。曾经担任过坎特伯雷大主教的罗恩·威廉斯（Rowan Williams）博士在揭幕仪式上致辞。

---

①又译《地狱来鸿》。

优雅的想象

肯尼斯·格雷厄姆 | Kenneth Grahame

《柳林风声》中描写的鼹鼠、狗獾、河鼠，还有生气勃勃的蛤蟆先生在河岸一带的冒险活动具有永恒的艺术魅力。小说作者肯尼斯·格雷厄姆妙笔生花，将书中的动物角色赋予了人类品性，使得《柳林风声》具有一种与众不同的神奇特色。

肯尼斯·格雷厄姆发挥创造性的超逸想象力，运用艺术手法描绘展现出一系列小动物的冒险活动。不过种种引人入胜的线索和可信说法表明，《柳林风声》里故事发生的背景环境取材于作者童年以及后来所熟悉的一段泰晤士河环境。

格雷厄姆很小的时候母亲就去世了。随后他和祖母生活在伯克郡梅登黑德镇（Maidenhead）附近的库克汉姆沙丘（Cookham Dean）。他在生前的最后几年里和妻子埃尔斯佩思（Elspeth）居住在上游的潘格伯恩（Pangbourne）。这是位于雷丁市（Reading）和沃灵福德（Wallingford）之间的一个风景如画的村庄。泰晤士河在这两个村庄之间穿过，蜿蜒流淌在英格兰南部最美丽的地区。

文学学者们长期以来一直在思考格雷厄姆的文学杰作《柳林风声》中的故事发生地究竟在何处。这也是《柳林风声》的魅力所在。目前还未得出最后结论。许多热心读者在猜测故事发生的真实地点过程中得到的乐趣丝毫不逊于在阅读本书时所得到的乐趣。

《柳林风声》中的原始林（Wild Wood）几乎可以肯定是马洛附近的采石场树林。具有历史意义的雷丁监狱很可能是书中关押蛤蟆先生的监狱原型。而书中的蛤蟆先生在逃脱后沿途经过的铁路和运河，容易使人想起19世纪中期修建的同泰晤士河平行的布鲁内尔铁路，以及位于雷丁市的肯尼特－埃文运河（Kennet and Avon Canal）。

然而，最有争议的一点就是蛤蟆宫的原型地点究竟在何处。位于梅登黑德与潘格伯恩之间的泰晤士河段上，至少有四处住宅可能激发过肯尼斯·格雷厄姆的创作灵感。其中最有可能的是位于泰晤士河北岸卡弗舍姆小镇（Caversham）附近的梅普德拉姆庄园式别墅（Mapledurham House）。

格雷厄姆在《柳林风声》中对蛤蟆宫的具体描写明显指向梅普德拉姆别墅。另外一个证据便是如下这一说法：当《柳林风声》的作者见到为本书绘制迷人插图的画家E. S. 谢帕德（E. S. Shepard）时，建议这位画家把梅普德拉姆别墅作为蛤蟆宫的建筑原型。

梅普德拉姆庄园距雷丁市郊外不远，位于牛津郡泰晤士河岸，周围景观令人赏心悦目。梅普德拉姆的意思是“枫树围场”。

绕过河流的一个转弯处，他们的眼前呈现出一座雄伟美观的红砖别墅。房前修剪得整齐平坦的草坪一直伸延到水边。“那就是蛤蟆宫，”河鼠说……“蛤蟆相当富有，你知道。这可是这一带最好的住宅。不过我们从未向蛤蟆透露这么多实情。”

16世纪末期，理查德·布朗特爵士（Richard Blount）为信奉天主教的家人修建了梅普德拉姆红砖别墅。墙体采用琢石饰面，还修有一个橡木楼梯。梅普德拉姆别墅是牛津郡最大最有名的一座伊丽莎白一世时代的豪宅。里面建有一个牧师藏身洞，还有一个私用小教堂，从邻近那座 15 世纪的圣玛丽特教堂可以看得一清二楚。

1707 年至 1715 年间，诗人亚历山大·蒲柏（Alexander Pope）是梅普德拉姆别墅的常客。那一时期，他同时与别墅主人李斯特·布朗特（Lyster Blount）的两个女儿谈恋爱。姐姐名叫玛莎，妹妹名叫特丽萨。蒲柏被认为是 18 世纪最伟大的英国诗人。他声称与那姐妹俩人隔天轮流谈恋爱，直到最后同特丽萨闹翻。玛莎显然是他特别喜爱的恋人。有人建议他们秘密结婚。他们在一起肯定不般配：蒲柏身高只有四英尺六英寸，而玛莎身高却有六英尺。

肯尼斯·格雷厄姆 1859—1932

格雷厄姆出生在爱丁堡，在家里四个孩子当中排行第三。母亲死于猩红热那年，他只有五岁。他的父亲是位律师，一直未能从失去爱妻的痛苦中恢复过来。父亲多年侨居法国，把肯尼斯留给了祖母抚养。格雷厄姆就读于牛津市圣爱德华中学，并成为学校里的优等生。1879 年格雷厄姆进入英格兰银行当职员，后来成为最年轻的秘书之一。

由于受到罗伯特·路易斯·史蒂文森的影响，他开始写作小品文。1891 年发表了一篇描写儿童生活的短小文章《奥林匹亚人》（*Olympians*）。他创作了《黄金时代》（*The Golden Age*，1895）和《梦想的日子》（*Dream Days*，

1899）。这两部作品被公认为是研究儿童心理与想象力的力作。

1899年格雷厄姆同埃尔斯佩思·汤姆森（Elspeth Thomson）结为夫妻。中年时期，由于健康欠佳，他被迫从银行退休。随后他开始把以前给自己的独生子阿拉斯泰尔（Alastair）写的一系列故事、书信整理成一部奇幻小说。结果作品大受儿童和成年读者的欢迎，还获得美国总统西奥多·罗斯福的称赞。自从《柳林风声》发表于1908年以来，从未绝版。

亚历山大·蒲柏 1688—1744

蒲柏是一位信奉天主教的日用织品批发商的儿子。他12岁时患上结核性脊椎炎，造成驼背残疾，影响了发育成长。他读过各样的私立学校，于1709年首次发表自由体诗。他撰写的《批评论》（*Essay on Criticism*，1711）使他名声大震。后期作品包括《卷发遇劫记》（*The Rape of the Lock*，1712）、《愚人记》（*The Dunciad*，1728）。他同盖伊、斯威夫特等人成立了涂鸦社（Scriblerus Club），写作讽刺杂文，抨击辉格党政府。

只要灯光闪烁，其他黯然失色

简·奥斯汀 | Jane Austen

别处的名人故居，很少像位于汉普郡乔顿村（Chawton）的女作家简·奥斯汀的故居那样，吸引如此众多的游客。有关简·奥斯汀在乔顿村居住时那座故居的外观设计说法颇多，不一而足。不过从那时起简·奥斯汀故居的外观设计基本上没有变过。这座住宅最早可追溯到16世纪初期，原本是一家农舍。如今这座住宅已开辟成一个博物馆，保留了19世纪简·奥斯汀一家在此居住时一座朴素乡村住宅的外观与氛围。1809年至1817年间，简·奥斯汀同守寡的母亲和姐姐卡桑德拉（Cassandra）居住在乔顿村。后来她们的朋友玛莎·劳埃德（Martha Lloyd）也搬过来居住。玛莎·劳埃德在自己的母亲去世后就前往南安普敦（Southampton）同简·奥斯汀的家人居住在一起。她的妹妹嫁给了简·奥斯汀的大哥。

在全家搬到乔顿村之前八个月，简·奥斯汀在寄给姐姐卡桑德拉的信中写道："在乔顿村的家中我们有六间卧室。

亨利的兄弟有一天给母亲写了一封信，在信中恰巧提到了卧室的数量。这正是我们想要确切了解的内容。他还提到了带有储物功能的顶楼。”简·奥斯汀对于乔顿村住宅的宜居程度确信不疑，并在诗文中加以称赞：

我们的乔顿新家，多么令人赞叹！
那里有多美好啊！

还有如此的自信：

待到新居万事完满，
定会让世上的宅院全都失色黯然。
无论新建的屋舍，还是修缮过的家园。
无论厅堂洁雅，抑或满眼脏乱。

简·奥斯汀的三哥爱德华·奥斯汀（Edward Austen）在养母于1812年去世后，继承了位于肯特郡的戈德默沙姆庄园（Godmersham Park），并使用奈特这一姓氏。他是乔顿村的大地主。虽然他从未在村里住过，还是把住宅布置了一番，使家人生活得舒适一些。另外他还购买了一个多眼炉灶，更新了水管设施，把前窗移到了侧面。这样既能进一步隔绝外界干扰，又能使家人看到花园中的景色。爱德华让他的母亲和两个姐姐（都是穷亲戚）免费居住在那座家宅里。

简·奥斯汀把乔顿村称为“美丽奇妙的村庄”。奥斯汀一家选择居住在乔顿村有好几个原因。首先家里人都熟悉这个地方，住宅的所处位置便于去阿尔顿（Alton）购物（亨利的银行在那里开设了分行），也便于回去看看斯蒂文顿（Steventon）的老家。简·奥斯汀的大哥詹姆斯在斯蒂文顿担任教区长。奥斯汀一家在乔顿村生活得心满意足。作为富裕的乡绅家庭，他们的社会地位也很稳固。

简·奥斯汀短暂一生的最后八年是在乔顿村度过的。在那八年中她在文学创作上收获颇丰。所有家庭成员都有自己固定的家务要做。卡桑德拉和玛莎负责做主要家务，母亲主要照料打理花园。雇来的男佣负责干重活，另外还雇有一位临时厨师。每天早晨大约9点，简·奥斯汀会在餐厅里准备好早餐。她还弹得一手好钢琴，每天早晨在家人坐下来吃饭之前她都要练习弹琴。

在乔顿村由于有了姐姐卡桑德拉的帮助和支持，简·奥斯汀可以自由地从事写作。她经常坐在餐厅里的那张三条腿小桌前，把它用作自己的写字台。就是在这里，靠着窗户，简·奥斯汀在长篇小说《理智与情感》（*Sense and Sensibility*）和《傲慢与偏见》（*Pride and Prejudice*）发表前进行了修改。房前离简·奥斯汀坐的地方几英尺之外，便是穿梭在伦敦、温彻斯特、戈斯波特（*Gosport*）、南安普敦和朴茨茅斯之间的马车驿道。在乔顿村居住期间，简·奥斯汀开始创作被公认为其杰作的《曼斯菲尔德庄园》（*Mansfield*

Park）。后来又在此写成了《爱玛》（*Emma*）。同是在乔顿村写成的《劝导》（*Persuasion*）发表于简·奥斯汀去世以后。1817 年她开始创作《桑迪顿》（*Sanditon*），但是因过早去世，未能完成这部作品。

简·奥斯汀在乔顿村的晚年生活安稳幸福。这座红砖住宅位于村庄中心，房门和地板嘎嘎作响，无人不知。

简·奥斯汀的写作欲望影响到了她的日常生活，而住宅里的日常事务也常常打断她的创作构思。需要操持的家务事里里外外有很多。另外还有客人和来访者需要接待。“当我满脑子想的都是羊肉块和食用大黄的剂量时，我根本无法静下来写作”，简·奥斯汀在 1816 年 9 月的一封书信中这样写道。

阅读与散步在她的生活中也占有重要位置。她喜欢在乔顿村周围美丽的乡村地带寻幽览胜，一探究竟。有时她徒步前往阿尔顿，不过她和家人大多乘坐驴车去那里（在面包房里可以看到这个驴车）。

有时在家里她突然来了灵感，于是便匆忙地向她的写字台跑去。来到乔顿村的游客们很快就沉浸在那早已消逝的简·奥斯汀的世界里，想象着这位文学大师外出散步或伏案写作时的情景；她的头脑中不断斟酌着各种更加精彩的故事细节和复杂的人物性格。文学创作占用了她的大部分时间。她的头脑从来没有清闲过。

同大多数小说家一样，简·奥斯汀也运用艺术加工手法。她在作品中描绘的诺桑觉修道院（Northanger Abbey），曼斯菲尔德庄园和其他豪宅大院都是她艺术想象的结果。但是其中也明显带有她拜访过的乡村庄园的痕迹，例如戈德默沙姆庄园和坎特伯雷附近的古德尼斯通庄园（Goodnestone Park）。这两座庄园象征着那个时代的氛围气韵，也象征着简·奥斯汀所描绘的由麻纱上衣、宏伟乡村庄园和身穿燕尾服的未婚青年所构成的矫揉造作小天地的精神品格。

简·奥斯汀的母亲于1827年去世，享年87岁，被安葬在乔顿村圣尼古拉斯教堂墓地。玛莎·劳埃德嫁给简·奥斯汀早已丧偶的哥哥弗兰克后，卡桑德拉继续居住在乔顿村。那时家里只剩下她独自一个人。1845年卡桑德拉去世后也葬于乔顿村。简·奥斯汀的故居随后被改造成了庄园工人住宿的地方。后来奈特家族的几位成员也住在了乔顿村。

乔顿村简·奥斯汀故居目前归简·奥斯汀纪念托管机构所有，在20世纪40年代便已成为博物馆。1984年至1994年，由于简·奥斯汀著名研究学者琼·鲍登（Jean Bowden）的远见卓识，乔顿村迎来了新的变革时代。为了进一步满足奥斯汀博物馆观众和奥斯汀小说忠实读者们的需要，乔顿村对简·奥斯汀故居博物馆进行了改造。如今专职的博物馆长监督管理着英国这座最有影响的文学圣地的日常运作业务。

简·奥斯汀 1775—1817

简·奥斯汀出生在汉普郡的斯蒂文顿小镇，在家里八个孩子中排行第七。她的父亲是位教区长，学识渊博，担当起她的教育职责。简·奥斯汀在10多岁时便开始写作，在全家搬往巴斯以前在村庄里生活了25年。尽管简·奥斯汀觉得难以适应城市生活，她却充分利用了那段生活经历，将巴斯用作小说中的故事发生地背景环境，收到了良好效果。

1805年父亲去世后，简·奥斯汀与母亲和姐姐卡桑德拉又回到了汉普郡乡下。她的兄弟亨利协助她同出版商打交道，并于1811年出资出版了她的长篇小说《理智与情感》。1813年出版的《傲慢与偏见》受到瓦尔特·司各特爵士的赞扬。《曼斯菲尔德庄园》（1814）被认为是简·奥斯汀最伟大的作品，具有多重主题，描绘了摄政王时期英格兰的特权社会和阶级斗争。

《爱玛》（1815）是献给摄政王乔治四世的一部小说，

因为他非常喜欢简·奥斯汀的作品。《劝导》和《诺桑觉修道院》均在简·奥斯汀去世后出版。《桑迪顿》是她最后创作的一部未竟之作，共有12章。

简·奥斯汀是一位在创作上精益求精、追求完美的作家。她常常对作品手稿做重大改动，有时甚至变换作品名称。同时她又对人的本性观察入微，了若指掌，被誉为现代小说的开拓者，影响了一代又一代小说家。由于现代电影和电视在简·奥斯汀作品改编拍摄方面所起的积极作用，简·奥斯汀的名望依然不减当年。

这是简·奥斯汀写作时用过的12边形胡桃木小桌，从客厅窗前可以看到这张小桌。她的姐姐卡桑德拉于1845年去世后，这张小桌被送给了一位男佣人。

抛却所有，走向圣地

吉尔伯特·怀特 | Gilbert White

吉尔伯特·怀特是 18 世纪博物学家，备受崇敬的生态学之父。在塞尔伯恩悬垂林（Selborne Hanger）高大的山毛榉树掩映下，风景如画的塞尔伯恩乡村大道上坐落着吉尔伯特·怀特的故居“威克斯”（The Wakes）。这个树木葱茏的优美村庄位于南部丘陵地带的北边，距汉普郡同萨塞克斯郡的交界处不远。那里仍然保留着怀特当年居住在此地时未受侵扰的原生态迷人风貌，堪称“博物学家和大自然爱好者们的圣地，吉尔伯特·怀特充满生机的户外绿色实验室。他那机敏灵动，充满渴望的幽魂主宰着这里的每一寸土地”。上述富有表现力的描绘语言出现在 1973 版国民托管组织的一本英国游览指南上，如今仍然使人产生情感上的共鸣。

吉尔伯特·怀特的故居威克斯掩映在塞尔伯恩悬垂林的绿色阴影中。一条条令人赏心悦目的小路在高大的山毛榉树中间弯弯曲曲向前延伸。

无论在花园里工作，还是在当地外出散步，只要遇到有意义的事情，怀特都要把它记在笔记本里。比如他最讨厌18世纪末的严冬。他是位专心致志的园艺专家，种植培育自己的农产品，成为当地第一个种植土豆的园艺专家。此外还在酒坊里酿制啤酒和葡萄酒。作为塞尔伯恩的助理牧师，怀特积极参与社区生活。他从未结婚，非常喜欢有家人和朋友相伴左右。他也喜欢同动物相依为伴。他饲养的宠物有乌龟蒂莫西，一只诨名“老鼠”的矮种马，几只狗，包括被称为“菲利王后”的西班牙猎犬。

怀特明察秋毫，过目不漏。只要塞尔伯恩有什么事情，怀特都要记录下来。1756年他在日记中写道：“在屠户院里种植了四棵菩提树，遮挡住窗前的血污场景。”原有四棵树中的两棵现在仍然存活着。屠户的屠宰场也保留了下来，一直使用到第一次世界大战爆发。

怀特有一个不可被否认的乐趣。那就是在住宅附近郁郁葱葱的林间空地和幽静小径上，漫步寻找当地的动植物群落。附近便是塞尔伯恩的陡坡林地，怀特将其描述为“一座巨大的白垩岩石岗，高出村庄 300 英尺……分为开阔牧羊高地、乔木林和被称为陡坡林地的一片长长的悬垂林地带。这片山岗上覆盖着清一色的山毛榉，是所有林木中最可爱的树种”。通向陡坡林地的那条“之”字小路是由怀特和他的兄弟于 1753 年亲手开辟的，作为通向林地顶端的一个捷径。

这是英国博物史领域的开拓者吉尔伯特·怀特心爱的威克斯故居。整个住宅有多个配备有各式家具的房间，从中可以看到床上使用的精美刺绣帷幔。

怀特故居威克斯的大部分建筑可追溯到17世纪。它最初只是一座传统的木结构建筑。18世纪初，怀特的祖父（也叫吉尔伯特）买下了这座住宅。1725年威克斯开始扩建。近40年后怀特继承了这座住宅，增建了酿酒房和客厅。

在怀特去世后150多年的20世纪50年代，威克斯挂牌出售。当时一些热心的支持者们想方设法筹集资金，力争捍卫怀特故居的未来。最终在1955年，一个意想不到的人伸出了援助之手。极地探险家劳伦斯的远房亲戚罗伯特·奥兹（Robert Oates）提供了必要的购房资金，为国家保住了这份遗产。如今这座房产已开辟成博物馆，用以纪念吉尔伯特·怀特，奥兹上尉和他的叔父——维多利亚时期的博物学家、探险家弗朗西斯·奥兹（Francis Oates）。怀特同这两位奥兹先生非亲非故，不过他们都是大自然户外活动的开拓者和爱好者，因此具有一些共同特点。

这座博物馆里有一间吉尔伯特·怀特的书房，经过布置设计后反映出怀特广博的兴趣爱好。那张很大的折叠木桌属于怀特本人；那件学位袍使人想起他在牛津求学的年代。怀特是一位写信高手，经常同亲朋好友写信交流。他在这个房间里还写过他的牧师布道文。

吉尔伯特·怀特 1720—1793

吉尔伯特·怀特天赋极高，担任过助理牧师，曾在牛津大学任教。他的父亲是位律师，祖父是塞尔伯恩教区牧师。怀特出生在塞尔伯恩村庄里，曾就读于牛津大学，后来成为牛津大学奥里尔学院（Oriel College）的研究员兼学监。他在大学读书时大部分时间用在了打牌、骑马、划船、射击和听音乐会上面。1746年他被委任为牧师，后来又被任命为北安普敦郡莫里顿－平克尼村（Moreton Pinkney）的教区牧师。1743年怀特回到出生地塞尔伯恩，担任助理牧师，直到去世。他的骨灰安葬在塞尔伯恩教堂墓地，距村庄里心爱的家园不远。

怀特的传世杰作为《塞尔伯恩博物志》（*The History of Selborne*），由作者同当时著名博物学家之间的往来书信集结而成。在这本装帧精美的传世之作中，怀特对家门口一带的自然世界展开了细致入微的观察研究。《塞尔伯恩博物志》在怀特去世五年前于1788年首次出版。时至今日版本极多，已被译成法文、丹麦文、瑞典文和日文。1980年，本书漂亮工整的手稿由克里斯蒂拍卖行以10万英镑售出。

女王也无法忘怀的乡村庄园

本杰明 · 迪斯雷利 | Benjamin Disraeli

1848年，当本杰明·迪斯雷利得到休恩登庄园（Hughenden Manor）时，庄园里的那座住宅与后来的风貌迥然不同。当时它只是乔治王朝时代建造的一座三层砖石结构的楼房，设计简洁，朴实无华。这座住宅坐落在小山坡上，俯瞰着森林和开阔草地。1862年建筑师E. B. 兰姆对其进行了哥特式风格改造。1910年迪斯雷利的外甥科宁斯比增建了住宅西翼。

然而上述旨在改进建筑结构与外观的措施其实对于休恩登大宅的整体风格并无多大益处。艺术史家、备受尊敬的英国建筑权威尼古拉斯 · 佩夫斯纳（Nikolaus Pevsner）是一位极其严厉，毫不留情的批评家。他将对建筑外观采用红砖墙面进行重新整饰的措施斥责为“糟糕透顶，原有的一切都变得生硬刺眼，咄咄逼人。窗楣更是显得莫名其妙”。

虽然建筑史学家长期以来将休恩登大宅视为平庸无奇的建筑，迪斯雷利则认为它完全符合他的需要。他将休恩登庄园大宅选为自己的乡间宅第有好几个原因。1847 年他赢得了巴克斯郡（Bucks）议员席位。作为一个新近崛起的政治家，居住在自己的选区内非常重要。尤其是此举与迪斯雷利政治命运的重大转机有直接关系。他在成为众议院保守党领袖之后，又成为众议院议长和英国财政大臣，最终于 1868 年担任英国首相一职。1876 年维多利亚女王加封他为比肯斯菲尔德第一世伯爵（Earl of Beaconsfield）。

休恩登庄园距他父亲在布拉登汉姆（Bradenham）租居的住宅较近，位于他“心爱的生长着山毛榉树的巴克斯郡”的中心地带。迪斯雷利从小就熟悉奇尔特恩（Chilterns）地区的人：“这里的古代人崇拜树木，我并不感到吃惊。”他俨然一副乡绅派头，常常在休恩登庄园的树林里散步，查看他那 750 英亩的林地。

然而，富裕地主的这一形象多少有些误导众人的意味。迪斯雷利绝不是个富有的人，别看他在买下休恩登庄园前九年就同他早年的政坛同僚温德姆·刘易斯（Wyndham Lewis）的富有遗孀玛丽·安妮（Mary Anne）结婚。他的妻子比他大 12 岁，但这桩婚姻却很美满。他们贷款 3.5 万英镑买下了休恩登庄园。

迪斯雷利在搬到休恩登庄园时已成为知名小说家。由于他在英国政界具有举足轻重的地位，因此作为小说家他获得了很大发展，备受瞩目。他创作的最有名的作品是长篇小说三部曲《康宁斯比（年轻的一代）》《西比尔（两个国家）》和《坦克雷德（新十字军征伐）》（*Coningsby*，*Sybil and Tancred*）。时至今日这些经典之作在很大程度上已被人们遗忘。这些作品全部写于19世纪40年代。在那10年里迪斯雷利搬到了休恩登庄园，预示着他必定官运亨通，步步高升。这些自传性的长篇小说反映出迪斯雷利最擅长的创作手法——将社会与政治主题有机地结合在一起。其中还融入了他个人在1844年巡游英格兰北部时的观察体会。迪斯雷利认为，作为一名小说家他能够非常有效地左右公众舆论。

迪斯雷利也许可以利用作品影响选民的情绪和观点，但是他几乎没有让他的宿敌——自由党领袖威廉·格莱斯顿（William Gladstone）刮目相看。格莱斯顿讨厌迪斯雷利的帝国主义政策及其自负的庞大帝国构想。正是迪斯雷利策动维多利亚女王抛弃格莱斯顿，建立起了自己同女王的密切联系。而与此同时，女王却非常需要得到别人的支持与信任（维多利亚女王在丈夫阿尔伯特亲王于1861年去世后退出公共生活，哀悼他的去世）。

随着岁月流逝，维多利亚女王日益成为一位离群索居式的人物，脱离自己的家人和臣民。迪斯雷利鼓励女王重返公众生活，帮助恢复她的信心，给予她继续领导国家的力量。休恩登庄园大宅里那间摆满书信和手稿的书房，反映出迪斯雷利同女王之间的友谊和相互尊重。维多利亚女王在迪斯雷利的葬礼举行过后，在他的书房里逗留了片晌。后来维多利亚女王又在1881年4月30日那天的日记中，以动人的笔触回忆了她以前莅临休恩登庄园时的情景：

> 我们坐上马车，直奔庄园。一切还都是两年半前亲爱的比肯斯菲尔德伯爵在那里接待我们时的样子。然而今昔有别，令人伤感。我们走进了藏书室和那间挂着我的画像的客厅。一切依然如故，只是他已不在了！我在藏书室里饮了茶，我和我善良的朋友曾经坐在那里，听他讲述他领导过的不和谐的内阁经历。我仿佛还能听到他的声音，看到他充满激情、热切讲述时的情景。

在庄园大宅里的其他地方，还有体现出迪斯雷利的文学抱负以及他嗜书如命特点的遗物。“我非常喜欢读书，喜欢树木，”他这样写道，“我喜欢注视着它们。每当我来到乡间的休恩登庄园，我都要在第一周去我的园林里悠闲漫步，仔细看一看所有的树木。然后信步走进藏书室看一看那里的藏书。”他从父亲那里继承了多达 2.5 万册的丰富藏书。

休恩登庄园的花厅里悬挂着迪斯雷利所崇拜的诗人——拜伦的画像。在政治家展厅里，可以看到有关政治胜利的照片以及文献复制件。迪斯雷利的写字台摆放有各种文件和世界地图。目前休恩登庄园大宅已经归国民托管组织托管。在那里还可以参观迪斯雷利放松休息以及处理商业事务时使用的藏书室。

位于顶层的三个房间已于 2013 年对游客开放，那里存放着属于迪斯雷利本人的大量罕见物品。其中有他创作的长篇小说《西比尔（两个国家）》的原作手稿，还有伯爵穿的长袍、礼鞋。那三个房间原先用作庄园人员办公室。从窗前可以看到休恩登庄园花园的几处诱人景观。

本杰明·迪斯雷利 1804—1881

迪斯雷利出生在伦敦，为家中长子，受过英国国教洗礼；父亲是西班牙犹太人。他曾就读于沃尔瑟姆斯托（Walthamstow）[①]一所私立学校，师从上帝一位论教派牧师。后来在一家律师事务所当见习生，并在林肯律师学院学习过九个学期。20岁时，迪斯雷利放弃法律职业进入政界。他为人聪明，雄心勃勃，还是一位一流的演说家，有天赋的作家，说话风趣的人。1876年乔治·艾略特发表了小说《丹尼尔·德隆达》（*Daniel Deronda*）后，有人问迪斯雷利是否读过这部小说。他回答说："如果我想读小说，我就自己写一部。"迪斯雷利还是位大刀阔斧的强硬政治人物。他的主要人生目标是促进发展工人事业，使更多的人接受君主制，进一步促进大英帝国的实力和统一。

1837年迪斯雷利进入国会，代表肯特郡的梅德斯通选区（Maidstone）。当他第一次站在众议院发表演讲时，他那种张扬的服饰风格和花花公子名声掀起一阵阵嘲讽的声浪。

①英国国会选区，位于大伦敦区内。

早在成为政治家以前，迪斯雷利便已开始了他的小说家生涯。他的第一部作品《维维安·格雷》（*Vivian Grey*，1826）讽刺了当时的一些著名人物，包括著名出版商约翰·穆雷。

迪斯雷利在政治仕途上平步青云、一路高升时，放弃了文学创作；而在辞去首相职位后，他又重操旧业，再度开始从事写作。新闻记者们非常兴奋，都想看一看这位以前的政治家如何以小说家的身份东山再起，重铸人生辉煌。在接下来发表的新作品《洛泰尔》（*Lothair*，1870）中，迪斯雷利把英格兰天主教会的权力作为创作题材加以想象描绘。“迪斯雷利先生为已经厌倦的广大公众找到了猛然一惊的新感觉。当一位已经搁笔的小说家成为首相时，英国人的心头为之一震，”有篇文章这样宣称道，“而当一位辞职的首相又要再次成为小说家时……人们吃惊的程度绝不逊于从前。”

10年后迪斯雷利第二次辞去首相职位，开始重操小说家旧业时，从前的那一幕再度上演。然而这一次迪斯雷利快要走到生命的尽头。他的头脑中只剩下一部长篇小说，而且与《洛泰尔》一样也是在休恩登庄园创作完成的。政治小说《恩迪米昂》（*Endymion*）在他去世前一年即1880年出版，为他带来了1万英镑的预付收入。这在当时是单部作品所能获得的难以置信的巨额稿酬。《恩迪米昂》一书内容深受迪斯雷利早期政治生涯的影响，讽刺了当时的许多著名人物。就连狄更斯也以感伤小说家“伽西”[①]这个人物形象出现在小说中。

迪斯雷利经常把真实地方作为小说中各类住宅的原型素材。据说查兹沃斯庄园（Chatsworth）和维尔贝克修道院（Welbeck Abbey）是小说中康宁斯比城堡（Coningsby Castle）的原型建筑。而《西比尔》中的博马努瓦（Beaumanoir）其实就是比尔瓦城堡（Belvoir Castle）。

迪斯雷利作为使保守党脱胎换骨的政治家被载入史册。他在政府工作中所取得的成绩很大程度上掩盖住了他作为小说家的创作光芒。如今仔细品读迪斯雷利的作品，可使广大读者在引人入胜的欣赏过程中初步了解维多利亚时期政坛的一些权术阴谋，了解一心想操纵政治制度的特权者的生活以及工人阶级的困苦状况。

---

① “伽西”即英语中 gushy 一词，意为“易动感情的”。

她离开 75 年，草屋却依然熠熠发光

艾尼德 · 布莱顿 | Enid Blyton

古旧茅草屋（Old Thatch）是一座典型的 17 世纪英国村舍，坐落在伦敦周围各郡的中心地带。那里往往呈现出风景如画的英格兰村庄绿地和曲曲弯弯的乡村小路。艾尼德 · 布莱顿是英格兰最著名最受欢迎的儿童文学作家之一，具有典型的英国民族精神。她的作品表现了那时的道德风貌和温馨幸福的中产阶级世界。因此有理由认为，在第二次世界大战之前的那些年里，她确实应该生活在这个可爱的茅草屋里。即使在她离开古旧茅草屋已经超过 75 年的今天，它的精神品格依然熠熠发光。

1929 年夏季，艾尼德 · 布莱顿偶然发现了这个被列为二级建筑的古旧茅草屋。当时她和她的丈夫休 · 波洛克（Hugh Pollock）在她 32 岁生日之前开始在本地区寻找一个新的住宅。布莱顿一看见那座茅草村舍就喜欢上了。在日记中，她把它描述为一座散漫村舍式的古老住宅，“里里外外完美无

缺，就像童话故事中的房子一样”。

艾尼德·布莱顿喜爱这座古旧茅草屋，它曾为 1943 年发表的《被烧毁的神秘小屋》带来了创作灵感。

布莱顿拿定主意买下了古旧茅草屋。入住一个月后，她在《教师世界》(*Teacher's World*) 上获得了整整一个栏目版面。这是一家面向教师职业的周刊。她以前也曾做过教师工作。“艾尼德·布莱顿儿童版面”总是刊登一篇由布莱顿撰写的描述古旧茅草屋的文章，还有一张她拍摄的照片。照片上展现的常常是那座村舍的花园，或者是她饲养的一只宠物。

布莱顿主持的栏目第一句话总是“亲爱的孩子们”。这是她同许多小读者进行沟通的一种有效形式。她谈论的话题包括诗歌、四季变化等多方面内容。她经常收到儿童和教师的来信。有位儿童写信对她说：“如果您继续写出好诗，将来有一天您会很有名的。”布莱顿的传记作者芭芭拉·史托尼（Barbara Stoney）写道：“韦尔德的那个村庄小邮局很快发现，寄到古旧茅草屋的邮件都是专递邮件。”

“艾尼德·布莱顿儿童版面”还刊登一封她很喜爱的猎狐梗犬鲍勃兹的来信，通过宠物狗的眼睛来观察描绘家庭。鲍勃兹的来信大受欢迎，所以在这只小狗死后很长时间里，布莱顿仍然继续刊登鲍勃兹的来信。1933 年鲍勃兹来信以书的形式集结发表，第一周即销售 1 万册。

布莱顿在《教师世界》中撰文详细描述了古旧茅草屋及其花园。因此读者们能够想象出这座迷人村舍及其周围环境的生动画面。她在某一期中写道：

> 我答应过给你介绍一下我发现的可爱小村舍花园的情况，对吧？啊，它真的很可爱。约有 9 个艾尔芬村舍（Elfin Cottage）花园那么大。你几乎能迷失在里面。穿过一个有趣的古老停柩门走进去，你会发现自己的侧面就是那座茅草村舍。玫瑰花到处开放，有好几十朵，全都优雅地向下垂着。花团锦簇，分外艳丽。

布莱顿在其自传《我的生活故事》（*The Story of My Life*，1952）中也写到了古旧茅草屋。她解释说，这座村舍的名称取自上面有多得数不过来的鹪鹩筑巢的茅草屋顶：

> 我把一间卧室改成了托儿所。什么样的托儿所呢？只不过是狄克·特平（Dick Turpin）通常在梅登黑德丛林（Maidenhead Thicket）中出没时睡觉的卧室。当年古旧茅草屋是一家小旅馆，里面有一间供旅行者休息的卧室。我多次听人讲黑贝丝（Black Bess）被牵进了楼下（在我的卧室下面）的马厩里，而狄克·特平当时就平静睡在我的孩子们现在每天玩耍的那个房间里。

布莱顿写作速度很快，每天用那台可靠耐用的打字机常常能打出 6000 个单词。她经常表现出对古旧茅草屋的喜爱之情。“那是个写故事的好地方……但是对于一个人口不断增加的家庭来说很快就显得狭小了，”她写道，“只要看一眼，你肯定就会在我写的书中认出它来。”到了 20 世纪 30 年代中期，布莱顿已成为两个女儿吉莉安和伊莫金的母亲。但是她的文学创作势头仍然未减。

在布莱顿创作的全部作品中，有一部作品的创作灵感显然来自位于泰晤士河谷她以前住过的那座房屋。这部作品名为《被烧毁的神秘小屋》（*The Mystery of the Burnt Cottage*, 1943），重点描写一座传统的乡村小屋，还讲了一群孩子的故事。他们被统称为“五个小冒险家”。这些儿童角色从未像“五个小名人”那样引起广大公众的共鸣，但是他们仍然受到忠实读者的热烈欢迎。布莱顿在系列作品中的第一部发表之际已经离开了古旧茅草屋。从对那座农舍的描绘中可以明显看出，她从前居住过的房屋就是其原型建筑。

古旧茅草屋拥有一个精心打理的漂亮的花园。

布莱顿在居住于白金汉郡期间社交生活非常活跃，经常在农舍举办晚宴和桥牌比赛。打网球也是她的一项充满活力的业余爱好。然而在古旧茅草屋生活了近10年后，此处的田园环境开始受到破坏。随着战争一触即发，她的婚姻也开始破裂。后来布莱顿同丈夫离婚，搬迁到了离比肯斯菲尔德不远的一处更大的住处“绿树篱”。1943年布莱顿再婚。

古旧茅草屋目前的主人是著名园林设计师杰基·霍桑（Jacky Hawthorne）和她的丈夫戴维。他们于1994年买下了这座村舍，后来一直花费大量时间精力对直到2000年还处于荒芜废弃的花园进行改造。他们的设想是保持古老花园的原有风貌，捕捉再现其独特的神韵。多年来，他们采用现代和传统方法种植各种花木，形成了丰富多彩的特色花园。其中包括水景园，薰衣草露台以及有玫瑰、铁线莲生长于两旁的人行道。

虽然发生了巨大变化，古旧茅草屋仍然保留着布莱顿在此居住时的一些显著特点。例如，在拍摄于古旧茅草屋的布莱顿旧照上可以看到的紫杉树篱和老井。那些经常突然到来，或者在规定时间内前来参观各处花园的热心游客，一眼便能认出这些曾经熟悉的景物。还有一些游客虽然一开始并不了解其中的文学之缘，但是随着他们回想起艾尼德·布莱顿在作品中创造的玫瑰色的神奇世界，很快就会沉浸在儿时的各种回忆之中。

艾尼德·布莱顿 1897—1968

艾尼德·布莱顿出生在伦敦，接受过幼师专业教育，后来担任出版有关教育与儿童杂志的记者。她创作的第一部无韵诗集《儿童低语》(*Child Whispers*)发表于1922年。20世纪30年代末，她的文学创作生涯获得更大发展。她陆续写出了各种大受欢迎的儿童文学作品，包括最有名的作品《马洛里塔》(*Malory Tower*)，使她名垂青史。她创作的一些作品的护封上将她誉为英国最受读者喜爱的儿童文学作家，将她的两个女儿称为她的最早批评家和最热心读者。

布莱顿是位多产作家，为一代又一代儿童创造出一个天真无邪、勇于冒险的奇幻世界。她的作品时至今日仍然拥有广泛读者。她本人也成为数部传记和文献纪录片中的核心人物。她通过自己的作品为忠实读者留下了一笔宝贵遗产。我们当中有些年龄段的人小时候酷爱阅读她的作品，如今均以一种真切的怀旧情感回顾她所创作的那些儿童故事。布莱顿的作品数量多得惊人，总共发表了 600 多部作品。其中诺迪、五个小名人和七个小神探是她塑造的经久不衰、最可爱的经典人物形象。然而近年来，她的声望受到了一些损害。有人指责她的作品表现出种族主义、性别歧视和排外倾向，而且谄上欺下，词汇量有限，缺乏文体风格。布莱顿晚年患有痴呆症，最后在伦敦汉普斯特区养老院去世，终年 71 岁。

在漂亮盒子中的避难时光

约翰·弥尔顿 | John Milton

在奇尔特恩地区一条大路的旁边，坐落着一个简朴的木结构村舍。令人有些意想不到的是，这里居然是大诗人约翰·弥尔顿的乡村隐居之地和工作场所。弥尔顿在这样简朴的环境里完成了名著《失乐园》（*Paradise Lost*）后，又开始创作长诗《复乐园》（*Paradise Regained*）。弥尔顿村舍故居被列为一级建筑，始建于16世纪，是这位英国大诗人兼国会议员居住过的仅存的一处住宅。这座村舍一楼设有四个展览主陈列室。借助于许多历史文物，在悦耳的鸟鸣声与过往车辆的交通噪音对比的背景下，这座弥尔顿故居生动详细地展示着约翰·弥尔顿的人生旅程，讲述着使他来到此地的各种历史因素。

大瘟疫肆虐伦敦期间，弥尔顿在吉尔斯－查尔方特暂住避难。这座农舍的主人是弑君者乔治·弗利特伍德的女儿。

1665 年一场大瘟疫在伦敦肆虐横行。弥尔顿认为逃避瘟疫的最佳途径是离开首都，去乡下寻找避难场所。他有一位贵格会教徒朋友（以前跟弥尔顿学过拉丁文）名叫托马斯·艾尔伍德（Thomas Ellwood）。此人为弥尔顿在吉尔斯－查尔方特（Giles Chalfont）找到了一个“漂亮的盒子”。于是，弥尔顿同他的第三任妻子伊丽莎白·明沙尔（Elizabeth Minshull）一起，从伦敦市班希尔菲尔德（Bunhill Fields）附近的家搬到了这里。艾尔伍德为弥尔顿租下的这座村舍四周是连绵起伏的奇尔特恩山岗，与弥尔顿在伦敦的住宅形成了鲜明对比。然而一个出乎意料的悲剧给弥尔顿在乡村的新生活蒙上了阴影。大约从 1652 年开始他已完全失明，因此，他从未看见过这座租居的村舍。

这位大诗人在吉尔斯-查尔方特生活了不到两年时间，在租居村舍期间继续从事《失乐园》的创作。弥尔顿早在1642年便中止了《失乐园》的创作，以便在英国内战期间全力投入共和国议会事业中去。20多年以后，远离了伦敦瘟疫肆虐横行的混乱局面，他又可以继续创作那部尚未完成的作品。村舍与世隔绝般的环境使他远离了首都生活，陷入孤独寂静的世界中。双目失明反而使他的艺术想象力和作品拥有与众不同的创作视角。

托马斯·艾尔伍德在他的自传《托马斯·艾尔伍德的人生经历》(*The History of the Life of Thomas Ellwood*）中，写到了弥尔顿搬迁至村舍以及完成《失乐园》的一些相关情况：

没过多久我就去看望他（弥尔顿），要把他接到乡下去。我们像平时那样聊了一会儿之后，他便吩咐把他的一份书稿送过来。拿到手后，他把书稿交给了我，让我带回家去有时间读一读，读完后还给他，讲一讲自己的看法。我回到家后就开始阅读。我发现那便是他所说的《失乐园》，确属上乘之作。

我极为仔细地读完书稿后又去拜访他，并把书稿还给了他。感谢他如此抬爱，把书稿交给我让我先睹为快。他问我感觉如何，有何看法。我态度谦逊，然而又畅所欲言地一一回答了他的提问。又谈论了一会儿书稿之后，我兴致勃勃地对他说："您在此大谈《失乐园》，却不知对《复乐园》您有何见教？"他当时没有回答，坐在那里沉思了片晌；然后又放下那个话题，谈起了其他内容。

伦敦的瘟疫消除后，弥尔顿又回到了首都。艾尔伍德再次登门拜访。弥尔顿拿出诗作《复乐园》给这位客人看，说道："这回多亏了你，因为是你在查尔方特通过提问让我豁然开朗；我以前从未想到过要写《复乐园》。"

弥尔顿由于失明，无法亲眼看到他在白金汉郡入住的那座乡村隐居农舍。位于吉尔斯－查尔方特的那座农舍花园在弥尔顿来此居住 350 年后仍然色彩缤纷，林木茂盛。

村舍故居的一些原有特点保留了下来，有助于游客们想象当年弥尔顿在这里居住时的情景。在弥尔顿租居此处之后350年的今天，参观村舍故居可以使我们了解在吉尔斯－查尔方特短暂租居期间这位大诗人本人及其生活的许多情况。在村舍故居可以看到弥尔顿在其中睡觉并写完《失乐园》的书房。展出的故居文物当中有一幅据说是画家戈弗雷·内勒（Godfrey Kneller）凭记忆绘出的弥尔顿画像，一张詹姆斯一世时期的木桌，一把克伦威尔式的椅子，一缕诗人的头发，一把用橡木和藤条制作、涂着油漆的椅子（据认为属于弥尔顿）。另外，还有大多数第一版的弥尔顿作品。

花园里花草繁茂。遗憾的是弥尔顿只能在想象当中揣摩花园的美景。这座花园如今仍然是弥尔顿村舍故居的一个诱人特色。尽管弥尔顿无法看到花园里繁茂的花草，然而它们的芳香与质感却为他带来了创作灵感。在园里有一口400年的老井。据说在1666年炎热夏季的一天，有人看见托马斯·艾尔伍德从老井里打上来一杯水，递给了他的恋人古列尔玛·斯布林格特（Gulielma Springett）。后来他的这位恋人嫁给了美国宾夕法尼亚州的创建者，著名贵格会教徒威廉·佩恩（William Penn）。

多年来弥尔顿影响启迪了无数作家，包括简·奥斯汀、查尔斯·狄更斯和勃朗特姐妹等人。19世纪80年代，有关人士做出决定购买这座村舍，以纪念从前的居住者弥尔顿。现在看来这个决定是正确的。当时发起了募捐活动以筹集资金（维多利亚女王捐款20英镑）。成交后，弥尔顿村舍故居交给一个管理委员会负责日常管理。弥尔顿村舍故居被公认为世界上最重要的文学圣地之一，一半的参观者来自海外。目前的直接管理者是一位专职管理人员。

约翰·弥尔顿 1608—1674

弥尔顿出生在伦敦旧时齐普赛（Cheapside）市场的面包街（Bread Street），父亲是伦敦的一位公证人兼放债人。他曾就读于圣保罗学校和剑桥大学。他原本计划进入教会，但由于对英国国教牧师的状况日愈感到失望，又放弃了进入教会的打算，转而学习古典文学以及教会、政治史，期望成为一名诗人。17 世纪 30 年代末，弥尔顿游览了法国和意大利。回到伦敦后他撰写了一系列有关社会、宗教和政治的论文。1642 年，娶玛丽·鲍威尔（Mary Powell）为妻。10 年后妻子玛丽死于分娩。

英国内战期间弥尔顿支持国会，撰写宣传文章为被处决的查理一世辩护。1656 年同第二任妻子凯瑟琳·伍德科克（Katherine Woodcock）结婚。两年后凯瑟琳去世。1663 年同第三任妻子伊丽莎白·明沙尔结婚。1667 年发表《失乐园》，1671 年发表《复乐园》。弥尔顿有可能卒于因风湿病引起的肾衰竭。去世后，安葬在伦敦圣吉尔斯教堂圣坛附近，与父亲遗骨相邻而眠。

英格兰中部

故园风雨后

伊夫林·沃 | Evelyn Waugh

《故园风雨后》[①]被称为伊夫林·沃所写的最具怀旧情味与反思特点的长篇小说，描写了两次世界大战之间的那些岁月里英国贵族宁静祥和的镀金时日。人们常说，这部长篇小说使人想起了雄伟壮丽的巴洛克式霍华德城堡（Castle Howard）。这座雄伟壮丽的城堡坐落在北约克郡，是根据《故园风雨后》小说原著改编的电影、电视剧外景拍摄地。不过它与《故园风雨后》的关联仅限于此。霍华德城堡符合作家伊夫林·沃在小说中对布莱兹赫德（Brideshead）庄园的景物描写。然而，实际上却是另外一座庄园的气势神韵激发起了作家的艺术想象力。

①又译《旧地重游》。

护园河景观。游客从此处可以进入麦德瑞斯菲尔德庄园。庄园豪宅里有利贡家族成员的多幅肖像和照片。

伊夫林·沃在《故园风雨后》中描写的马奇梅因（Marchmain）豪门宅邸的原型为坐落在马尔文山（Malvern Hills）脚下的麦德瑞斯菲尔德庄园（Madresfield Court）。自中世纪起那里就是利贡家族（Lygon family）和各世比彻姆伯爵（Earls of Beauchamp）的世居宅邸。《故园风雨后》（1945）中的故事叙述人查尔斯·赖德（Charles Ryder）出身中产阶级，与哀伤的马奇梅因勋爵那位古怪的儿子塞巴斯蒂安是牛津大学的同窗好友。赖德对于信奉天主教又有严重缺陷的马奇梅因家族及其所居豪宅的迷恋是小说故事的一个重要内容。20 世纪 20 年代初，伊夫林·沃在牛津大学读书时遇到了眉清目秀的大学生休·利贡（Hugh Lygon），即小说中塞巴斯蒂安的人物原型。沃第一次见到麦德瑞斯菲尔德庄园是在1931年，当时他接受邀请在庄园里做客。

《故园风雨后》的突出特色在于其强烈的宗教主题——如果没有上帝，人类的存在将变得毫无意义。但是这部作品也可以视为大英帝国末日的挽歌，悲叹古老社会秩序正在消亡的残余痕迹，以及英国豪宅庄园的日趋没落。

1943年，沃在跳伞训练时把腿摔伤，获得无薪休假三个月后，一心投入到小说《故园风雨后》的创作当中。第二年夏季小说写成。沃在1960年版的《故园风雨后》中写道：

> 在1944年春季，我还无法预见到如今对英国乡间住宅的狂热喜爱程度。那时作为英国主要民族艺术成就的世居祖宅似乎注定要像16世纪时的修道院那样，不是衰微破败，就是遭到人为的毁坏。因此，我便以热诚的情怀进行夸张描绘，以飨读者。布莱兹赫德庄园今天将对远道而来的客人们开放。里面的珍宝由专家重新布置安排，豪宅的整体构架结构也比马奇梅因勋爵维护得更好。

沃还写道，他的小说主题是“神的恩典赐给一群背景各异但却密切相关的人物”。他也赞同如下要点：这部作品中充溢着一种暴饮暴食般的贪恋心理——贪恋美食美酒，贪恋未久远的显赫富贵，贪恋装饰性的语言修辞。所有这一切在如今“酒足饭饱”的情况下，我感到令人不快。

麦德瑞斯菲尔德庄园严格按照约定时间迎接游客。他们在参观庄园时首先要跨过那道美丽的中世纪护园河，里面灌注着著名的马尔文山泉水。如果英国在 1940 年像人们担心的那样遭到外敌入侵，这座庄园就会成为未来的女王和她的妹妹所熟悉的栖身之处。早在 1938 年政府便已经制定了应急措施，届时将伊丽莎白和玛格丽特两位公主及其他王室成员一起搬到麦德瑞斯菲尔德庄园。在适当时候，两位公主和王室成员将在庄园附近的机场乘飞机离开英国前往加拿大。

在战争风云笼罩麦德瑞斯菲尔德庄园之前近 10 年的时候，一位个人生活正在发生重大变化的才华横溢的英国小说家也要跨过那座古老的护园河沟。当伊夫林·沃来到庄园留住时，他刚同妻子离婚不久，而且皈依了基督教。28 岁的沃居无定所，亦如他自己所说，“没有任何个人物品让行李搬运工装上手推车时感觉不方便”。通过结交他那位好酗酒，性格有些缺陷的朋友休（一些人认为他们之间存在着肉体关系），那座庄园已经成为伊夫林·沃个人生活中不可或缺的一部分。除姓氏以外，他在其他一切方面都跟随了利贡家族。从他一踏上麦德瑞斯菲尔德庄园草地那一刻起，就对其神奇壮丽的景观心生敬畏之情。

沃在小说中将布莱兹赫德庄园的地点设在了威尔特郡。查尔斯·赖德第一次到达城堡时看到那座豪宅拔地而起，气势不凡，随即便想了解一下这座庄园规模究竟有多大，象征着什么。沃在小说中对这一幕情景的描写，其创作灵感就来自于他被麦德瑞斯菲尔德庄园神奇壮丽的气势所震撼的那一刻：

> 我们驱车赶路，下午早些时候到达了目的地：几扇锻铁大门映入眼帘，两个一模一样的古典式小屋坐落在绿地上。一条林荫大道出现了，随后又见几扇大门以及长有树丛的开阔草地。车在路上转了一个弯。蓦然间，一处神秘的崭新景观展现在我们眼前。我来到了一个山谷的最前端。下面半英里远处，一座古老的住宅掩映在一片丛林当中，圆形屋顶和一排圆柱闪烁着灰色和金黄两种光彩。
>
> "怎么样？"塞巴斯蒂安一边说着，一边把车停了下来。圆形屋顶的前方呈现出一片渐渐远去的水波；水域周围既像守护又似遮掩般地矗立着一座座隐约可见的山岗。
>
> "怎么样？"
>
> "真是个适合居住的好地方！"我说道。

后来那些年里，沃经常乘火车去麦德瑞斯菲尔德庄园，在伍斯特市（Worcester）由利贡家族的三个女儿中的梅米（Maimie）迎接他。从外貌上看，梅米同她的哥哥休相似，白肤金发，一双碧眼，五官比例匀称完美，容貌姣好，极为优雅迷人。沃在《故园风雨后》中描写的塞巴斯蒂安妹妹茱莉亚·弗吕特（Julia Flyte）的原型人物就是梅米。虽然沃爱慕着梅米，可是他缺乏浪漫追求梅米的信心。

与小说中虚构的布莱兹赫德庄园不同，麦德瑞斯菲尔德庄园绝非是贵族宫殿。对于伊夫林·沃而言，当他于 1944 年创作《故园风雨后》时，这座建筑象征着对一个已经逝去时代的幸福回忆。

麦德瑞斯菲尔德庄园始建于 12 世纪，以新哥特式山墙和直棂窗为显著特点。在维多利亚时代改建过一次，为的是使庄园看上去像是一座带有护园河的都铎时期庄园。参观游览这座红砖庄园豪宅可以看到一些非同一般的瓷器、家具、绘画作品和家庭纪念品。这座庄园豪宅共有 136 个房间。整个庄园占地 4000 英亩，包括 500 英亩的林地。

麦德瑞斯菲尔德庄园的主要特色之一是1865年修建的小教堂。1902年由第七世伯爵的妻子委托他人为丈夫制作的那些手工艺与艺术装饰作品具有英王爱德华时代的风格，最为引人注目。墙壁上装饰着各种壁饰和壁画，把利贡家族的儿童描绘成了置身于麦德瑞斯菲尔德花园鲜花丛中的完美可爱人物。沃在《故园风雨后》中描绘的那个小教堂几乎完全一样，只有几处细节不同：

> 把原有整个室内装饰拆掉后，又重新以19世纪最后10年的工艺美术风格进行布置装饰。身穿印花布罩衫的天使，蔓生蔷薇，点缀着鲜花的草地，嬉戏的小羊，用凯尔特语写成的语句和身披盔甲的圣人，均以色彩亮丽、错综复杂的图案造型装饰着墙壁。
>
> “天啊！”我感叹道。
>
> “这是父亲送给母亲的结婚礼物。要是看够了，我们就走吧。”

长廊是这座古老庄园留下来的一个遗迹，里面摆放着一张伊夫林·沃写作《黑色恶作剧》（*Black Mischief*）时用过的写字台。《黑色恶作剧》是一部描写一位神秘的非洲国王在英国大学求学经过的喜剧类长篇小说。沃每天都要躲在庄园的那间旧苗圃里写上几个小时，强迫自己从事文学创作，离群独处。终于，1932年5月他完成了这部作品。然而，当时利贡姐妹并不能理解艰难的写作过程，经常打断他的思绪。

沃在创作《故园风雨后》时，显然从麦德瑞斯菲尔德庄园那里获得了灵感。然而，相比之下，《一掬尘土》（*A Handful of Dust*，1934）中的赫顿庄园（Hetton Abbey）与它的相似之处就显得更加明显。《一掬尘土》是一部讽刺地主阶级的作品。在这部作品中，赫顿庄园被描绘为一座以哥特风格改建的维多利亚时代的庞大建筑，其布局有些凌乱。同麦德瑞斯菲尔德庄园一样，赫顿庄园也修有护园河，还有一座中心钟楼。

伊夫林·沃幸运地遇到了利贡一家人，亲眼看见了麦德瑞斯菲尔德庄园里的日常生活。对于一个作家来说，那座庄园以及居住在其中的那一家人就是一座蕴含着创作灵感与创作素材的闪闪发光的宝藏。大体上伊夫林·沃就是小说中的人物查尔斯·赖德：一个向内看的局外人、观察者，也是一位发现世外桃源里居住着难逃厄运的俊男美女的中产阶级人士。沃的神来之笔就是创作出赖德这样一个三棱镜式的人物形象，向读者全面展示了非比寻常的享乐主义者天地。

伊夫林·沃 1903—1966

伊夫林·沃的父亲是一位出版商兼编辑。他曾就读于蓝星学院（Lancing）和牛津大学，毕业后成为中学教员。教学工作为他的第一部大获成功的长篇小说《衰落与瓦解》（*Decline and Fall*，1928）提供了创作素材和艺术灵感。

经过一段短暂而不美满的婚姻生活之后，他于1930年成为罗马天主教徒。后期作品中贯穿着社会讽刺主题与高雅喜剧情调，主要描写战后那一代人愤世嫉俗与无忧无虑的人生态度。1937年沃第二次结婚，第二年发表他创作的最著名长篇小说《独家新闻》（*Scoop*）。第二次世界大战期间，他被派往希腊克里特岛和南斯拉夫。他根据自己的上述战争经历创作了荣誉之剑三部曲《军人》（*Men at Arms*，1952）、《军官与绅士》（*Officers and Gentlemen*，1955）与《无条件投降》（*Unconditional Surrender*，1961）。他还写过两本游记作品《标签》（*Labels*，1930）和《远民》（*Remote People*，1931）。

伊夫林·沃为人温文尔雅，机智诙谐，而且按着当今标准来看，是个十足的势利眼式的人物。不过在很大程度上他也是时代的产物。他的弟弟亚历克·沃也是一位著名小说家、游记作家。伊夫林·沃最终因患有冠状动脉血栓症而去世。

比金钱更有价值的光辉故居

威廉·莎士比亚 | William Shakespeare

从表面上看，美国马戏团老板费尼斯·巴纳姆（Phineas T. Barnum）的名字不可能同颇具英国色彩的莎士比亚联系在一起。听上去也许不可信，巴纳姆曾经扬言要把莎士比亚这位伟大剧作家人生历程中的一个标志性建筑拆走，在他自己的国家借此赚钱。

1847 年，莎士比亚出生的那座砖木结构故居挂牌出售。据说出手阔气的巴纳姆听到消息后决定买下这座住宅，准备将其小心拆掉后装船运往美国，然后把这批珍贵的货物重新安装打造成北美著名旅游胜地。他明白这是一项艰巨的工程，但是其发展潜力巨大。在任何一个国度，莎士比亚遗产都是一桩大生意。

查尔斯·狄更斯作为莎士比亚这位大诗人的著名仰慕者发起了一场募捐活动。他力争筹集到 3000 英镑买下莎士比亚故居，保住它的未来，阻止巴纳姆实现其粗鄙的野心。许多文学界名人均赞成狄更斯发起的募捐活动，就连阿尔伯特亲王也给予了支持。莎士比亚作为文学天才的声望无论怎样高估也不过分。最终大家筹集到了所需资金，保留了当时处于严重失修状态的莎士比亚故居。同一年，成立了莎士比亚出生地故居托管机构，进一步筹集资金，并且任命了一位故居看管人。

这是位于亨利街的威廉·莎士比亚出生地故居。当年查尔斯·狄更斯与其他许多著名作家在为国家拯救莎士比亚出生地故居方面发挥了重要作用，从而成功阻止了这座莎士比亚故居被出售后运往美国。

狄更斯与同时代的其他人士在保住莎士比亚出生地故居这方面发挥了重要作用。如果没有他们的努力，以后游客们就不会有机会亲眼看到莎士比亚童年时的故居。人们认为，在家里八个孩子中排行第三，同时也是家中长子的莎士比亚，就是在这座故居里愉快地度过了人生中的成长时期。

1552 年，莎士比亚的父母约翰与玛丽·莎士比亚搬到了后来成为莎士比亚出生故居的那座住宅里。他的父亲是位羊毛商人兼手套生产商，就在亨利街（Henley Street）的家中经营自己的生意。在莎士比亚全家居住在那里时，他们的住宅同其他排屋连在一起。莎士比亚出生地故居托管机构在接手这座住宅时，做出了拆除相邻建筑的决定，以减少火灾风险。原址上包括一个繁忙的制革作坊，许多年轻的学徒就住在里面。现在故居后面有一座花园供游客们观赏游览。最初那里是一个垃圾堆。

莎士比亚半身塑像，此为埃文河畔斯特拉福镇神圣三一教堂的较大尺寸半身纪念塑像的复制品，自1870年前后一直展出在莎士比亚出生地。具体来源不详。

莎士比亚故居可追溯到16世纪30年代初期，反映了莎士比亚童年时期，具体来说10岁左右时的生活环境。客厅是全家人晚上聚集的地方，大家都围坐在熊熊燃烧的炉火旁。这一直是住宅里最温暖的房间，也用作客房。全家人吃饭时用的房间狭小拥挤。家里的成年人和年长者坐着吃饭，孩子们只能站着吃饭。每天莎士比亚离开那座家宅外出去上学。他的父母一度是斯特拉福（Startford）镇上家境富裕，受人尊敬的人。可到了莎士比亚上学时却遇到了严重的经济困难。

幸亏运气好，父亲有着查封官和镇议会成员两种身份，因此他的儿子可以免费接受教育。

1579 年莎士比亚 15 岁。那一年在他早年生活中是一个非常重要的年份。他读完文法学校后，经历了人生重大悲情变故：妹妹安妮 8 岁时死于瘟疫。他永远失去了她。妹妹安妮的夭折是他少年时代经受的一次沉重打击。

莎士比亚 18 岁时同安妮 · 海瑟薇（Anne Hathaway）结婚。夫妻二人最初居住在街上的住宅里。这座住宅在随后 200 年间一直归莎士比亚家族所有，里面还曾开过酒馆。1806 年住宅卖给了一位名叫托马斯 · 考特（Thomas Court）的屠户。

早在学者们为国家拯救莎士比亚故居，以及现代旅行概念提出之前很长时间里，斯特拉福镇就已经吸引了大量游客，其中还有一些希望体悟故居氛围、感受大诗人精神的文学学者。一些不择手段的投机钻营之辈趁机大肆兜售与莎士比亚这位戏剧家有关的一切物品，无论有多么牵强附会。1769 年戴维 · 加里克（David Garrick）创立了很有影响的莎士比亚节。19 世纪初期，每年大约有 700 人参观莎士比亚故居。莎士比亚出生地斯特拉福镇位于令人赏心悦目的英格兰中部，风景如画，是膜拜这位伟人的一个重要圣地。

从莎士比亚出生地故居对公众开放，利用其官方博物馆地位受益时起，人们对这座古老故居或其往日居住者的兴趣一直没有减弱。每年多达 50 万游客从世界各地来到亨利街。对于许多人来说，这是一次情感上的朝圣经历。踏上这片圣地，跪下来表示崇敬之情，就是为了实现自己的终生愿望。

莎士比亚故居对外开放时正逢社会大动荡时期。那时是19世纪中期，随着铁路时代的到来，维多利亚时代的人们享受着更大的交通便利和娱乐自由。同狄更斯的关联也进一步提高了国内外声誉，使莎士比亚的出生地故居成为国内首屈一指的文学圣地。

同其他许多文学戏剧界名人一样，狄更斯也曾来到斯特拉福镇，在故居原来的一扇前窗上题写过签名。前来拜谒的贵客包括瓦尔特·司各特爵士，托马斯·卡莱尔，马克·吐温，艾伦·特里，查理·卓别林等人。故居那扇签名前窗后来被拆掉留作纪念，时至今日在故居二楼仍然可以看到原件。

威廉·莎士比亚 1564—1616

妻子安妮·海瑟薇在丈夫前往伦敦追求戏剧家、演员和诗人的事业并大获成功时，仍然留在斯特拉福镇。莎士比亚在伦敦的生活大多没有明确记载。许多学者都在猜测在那段情况不明朗的日子里莎士比亚究竟都做过什么。莎士比亚的许多戏剧作品在他生前并没有发表，后来才给他带来了世界最著名戏剧家和剧作家的声誉。学界认为，莎士比亚于1588年前后开始戏剧创作，修改了许多等待发表的剧本。1597年他买下了斯特拉福镇上的一处名为“新地界”（New Place）的房产，1613年退休。

莎士比亚第一版作品集于1623年出版。

世界已然消逝

乔治·艾略特 | George Eliot

乔治·艾略特的早年生活优越奢华，但并非因为她自身家境富有，社会地位高。她原名为玛丽·安·伊万斯（Mary Ann Evans，她非常喜欢玛丽安这个名字）。父亲罗伯特是达文特里子爵弗朗西斯·纽迪吉特（Francis Newdigate）的地产经纪人。这位子爵是被列为一级建筑遗产的阿伯瑞庄园（Arbury Hall）的主人。庄园豪宅具有伊丽莎白一世时期的特点，按照哥特式风格改建过。乔治·艾略特在非常关键的人生早期阶段于周围环境中的所见所闻，为她以后开始创作《教区生活场景》（*Scenes of Clerical Life*，以同一地区为故事背景，由三个故事组成）提供了丰富的生活素材。这部作品发表时她将近 40 岁。后来创作的几部长篇小说也运用了取自阿伯瑞庄园的生活素材。

玛丽·安·伊万斯出生在阿伯瑞庄园的南方农场。她大约只有四个月大时，全家搬迁到附近的格利夫寓所。她在那里一直居住到20岁。她的全部生活都围绕着沃里克郡（Warwickshire）这一片乡村地区展开。那里距英格兰真正的中心地带很近。她在小时候经常陪着父亲去阿伯瑞庄园。一到那里，父亲便把她留在管家房间同雇工们聊天。她对庄园的历史以及大规模的哥特式建筑改造工程很感兴趣。改造工程前后花费50多年的时间才告结束。当纽迪吉特一家人外出时，她就可以在房间里任意玩耍，渐渐地对庄园有了深入了解。她也在藏书室里浏览各种书籍。

阿伯瑞庄园。亨利二世执政期间这里原是一处新建的修道院，后因在解散修道院的政治风波中受到牵连，被赠送给了在伊丽莎白一世时期做律师的艾德蒙德·安德森。

罗伯特·伊万斯（Robert Evans）是位勤奋工作的人，在庄园里负责的事情又多又杂，包括收租金、维修、同筑路者谈判、察看土地与建筑。伊万斯为人诚实正直，受到大家尊重。他的女儿乔治·艾略特后来在创作第一部长篇小说《亚当·彼德》(*Adam Bede*)时，将父亲的个性优点以及对待工作令人钦佩的态度化用在了小说中同名人物身上。乔治·艾略特当年成长时期的家庭生活的大部分素材都被写进了《米德尔马契》(*Middlemarch*)和《弗洛斯河上的磨坊》(*Mill on the Floss*)这两部长篇小说中。后一部作品中描写的多瑞考特磨坊(Doricote Mill)便是以格利夫寓所为原型。

那时与现在一样，阿伯瑞庄园及其300英亩的园地在很大程度上同现实世界处于一种隔绝状态。也许可以理解的是，小说家会觉得这片地方有着无尽魅力。即使乔治·艾略特现在回到阿伯瑞庄园，她也依然认得出来这座庄园。在《教区生活场景》中，她以细腻的笔触描写了乡村大庄园雪芙瑞庄园(Cheverel Manor)、谢伯顿村(Shepperton)，以及位于这片乡村中心地带的米尔比镇(Milby)的工作场景。与她早年生活密切相关的一些地方为作品描写沃里克郡庄园和村镇提供了原型素材。早年生活中看到的阿伯瑞庄园地主家庭生活与佃户生活之间的强烈对比给乔治·艾略特留下了深刻印象。

她拥有异常准确的记忆力。不用借助于笔记，也不用采访当地人，她完全可以回想起各种人物、地方和事情。当地居民对她笔下的人物也了如指掌，认出了每一个人，只是没能认出作者是谁。

乔治·艾略特对罗杰·纽迪吉特(Roger Newdigate)爵士占用期间的阿伯瑞庄园很是喜爱。这位爵士是弗朗西斯·纽迪吉特的堂兄弟，膝下无子。正是他启动了漫长的庄园建筑哥特化改建工程。他本人还是《教区生活场景》中的克里斯托弗·雪芙瑞（Christopher Cheverel）爵士的人物原型。罗杰爵士的第二任夫人海斯特就是雪芙瑞夫人。乔治·艾略特描绘了雪芙瑞庄园的各种建筑特色。《教区生活场景》第二章“吉尔菲尔先生的爱情故事”中所描绘的庄园无疑就是阿伯瑞庄园：

> 克里斯托弗爵士……走向庄园豪宅东侧的正面。大门旁边就是大厅的巨大凸窗，对着碎石铺就的绵延弯曲的地面。前方是一片高低起伏的草皮，与高大的树木相邻，仿佛要与碧绿的草地和穿过种植园的一条长满青草的道路连成一片。可最终只延伸到远处的哥特式拱形门口。凸窗敞开着。克里斯托弗爵士走了进去，看到他正在寻找的那些人。随后便开始检查尚未铺完的天花板施工进度。

上述描写中提到了尚未铺完的天花板。这表明乔治·艾略特笔下的雪芙瑞庄园与其原型阿伯瑞庄园之间的关系十分密切。在小说中，克里斯托弗爵士依照哥特式风格对雪芙瑞庄园建筑进行了改建。而在现实生活中，罗杰爵士对阿伯瑞庄园建筑也进行过改建：

> 从附近采石场运来石料的大车穿过庄园，压出了一

条条道路。绿色庭院里扬起了石灰粉尘，原本平静的住宅里响起了叮叮当当使用工具的声音。在接下来的10年里，克里斯托弗爵士一直忙于古老家族豪宅的建筑改造工程。他在个人欣赏品味的影响下，放弃原有对意大利帕拉第奥建筑风格平庸乏味的模仿外观，转而恢复18世纪末标志性的哥特式建筑风格。他期待着人们对此给予高度评价。

乔治·艾略特在《教区生活场景》中描写的雪芙瑞庄园即以阿伯瑞庄园为原型。这是庄园豪宅客厅的大型凸窗，上面采用精美的细丝窗饰与粉红色玻璃，是阿伯瑞庄园诸多突出特点之一。

在小说中克里斯托弗改造雪芙瑞庄园，希望看着它“由丑变美的心愿达到近乎偏执的程度”。其内在动力是“他那种坚定不移的建筑目标。这一目标在长期有条理有计划的个人实践活动中树立起来，更要带着天才般的热情，不屈不挠的意志加以执行实施”。

沃里克郡对童年生活的影响从未在乔治·艾略特身上消

失。只是 1865 年她在创作《菲利克斯·霍尔特》(*Felix Holt*)时将英格兰乡村视为已经消逝的世界。生活节奏加快了，铁路时代已经到来。曾经以一个农场和集镇为特色的乡村地区也已经被迅速发展的工业所改变。乔治·艾略特在最后发表的一部作品《西奥弗拉斯塔斯·萨奇的印象》(*Impressions of Theophrastus Such*，1879) 中将她的故乡称为“丰润的英格兰中部地区”。

乔治·艾略特 1819—1880

1836 年艾略特的母亲去世，使他在阿伯瑞庄园的早年生活蒙上了阴影。乔治·艾略特学过德语和意大利语，教过音乐（她酷爱音乐）。1849 年父亲去世后，她开始游历欧洲。第二年回到英格兰，开始为《威斯敏斯特评论》(*Westminster Review*) 撰稿。她同文学界一些著名作家有交往，其中一位是乔治·亨利·刘易斯。1854 年他和乔治·艾略特建立了恋爱关系，这份爱一直持续到 1878 年他去世为止。然而身为传记作家和编辑的刘易斯当时已有妻室，而且无法离婚。所以两人只是未婚同居关系，这在道德观念严谨的维多利亚时代的社会属于有伤风化的行为。所以乔治·艾略特与家人疏远了。刘易斯去世后，她于 1880 年与多年的家庭好友约翰·瓦尔特·克罗斯 (John Walter Cross) 结婚。

考虑到她和刘易斯的同居关系所造成的影响以及她作为一名作家所享有的声望越来越大，她最终决定采用乔治·艾略特这个笔名。在同刘易斯相遇后的10年里，她创作并发表了两部最有名最成功的长篇小说《亚当·彼德》（1859）和《弗洛斯河上的磨坊》（1860）。后来又发表了一些知名度较小的作品，包括《罗慕拉》（*Romola*，1863）。最后发表了两部力作《米德尔马契》《丹尼尔·德龙达》（*Daniel Deronda*，1876）。

乔治·艾略特生前受人崇敬，在商业上也大获成功，被认为是维多利亚时代最伟大的作家之一。只是在她去世后的那些年里，她的名望声誉有所下降。1919年正值乔治·艾略特100周年诞辰，著名作家弗吉尼亚·伍尔芙在《泰晤士报文学增刊》上发表了一篇文章，恢复了乔治·艾略特的应有声誉。伍尔芙在文中称《米德尔马契》是“为数不多的为成年人创作的长篇小说之一”。

博物馆奇妙夜

塞缪尔·约翰逊｜Samuel Johnson

在古城利奇菲尔德中心区域的面包市场街（Breadmarket Street）与市场街（Market Street）拐角处有一栋楼房，那就是塞缪尔·约翰逊的出生地。他出生时，那栋楼房是父亲迈克尔·约翰逊（Michael Johnson）经营的书店。1709年9月18日，塞缪尔·约翰逊出生在二楼一个大房间里。

三年前，已是中部地区著名书商的迈克尔·约翰逊借了很多钱想把已故德比伯爵近3000册的私人藏书全部买下来。然而他的如意盘算落了空。许多藏书多年来都没有销售出去。迈克尔·约翰逊并没有止步不前，而是又做了一桩雄心勃勃的买卖。

他在利奇菲尔德市买了一座17世纪修建的房屋，离郊区的圣玛丽教堂不远，俯瞰着市场。他花费80英镑买下这座房屋后立刻拆掉，在原址上修建了一座很气派的住宅。他的意图是修建一座大型私家住宅，顺便也为他的书商生意提供经营场所。这座坚固的四层楼建筑数百年来变化不大。里面包括一个地下室，设在一楼的二手书店。最顶层是用人和学徒住处。

塞缪尔·约翰逊半身塑像，由18世纪雕塑家、约翰逊的朋友约瑟夫·诺勒肯斯创作。然而约翰逊认为这座塑像没能突显他个人的优点。

父亲经营的生意举步维艰，经济压力使塞缪尔父母的婚姻也受到影响。另外还有心魔使塞缪尔惶惶不可终日。迈克尔·约翰逊性情阴沉忧郁，使全家人的生活长期蒙着阴影。由于家里缺乏温暖，年纪尚小的塞缪尔不得不在父亲书店里的书中寻求安慰。他如饥似渴地阅读各种骑士传奇故事，不到10岁便已埋头阅读莎士比亚的文学作品。9岁那年，有一天他在地下室厨房里阅读《哈姆雷特》。突然间，他跑上楼梯来到了临街的门口。书中的鬼魂显灵情景使这位少年忐忑不安，心乱如麻。他本能地觉得必须重返正常生活，同周围的人相处在一起。在牛津大学求学期间他博览群书，开阔了眼界。不过莎士比亚对他的影响依然很深。

1731年迈克尔·约翰逊去世后，他的遗孀开始经营书店，直到1759年去世。接着又由家里的用人凯瑟琳·钱伯斯

（Catherine Chambers）经营书店。关于书店此后的情况我们了解甚少，只知道后来的租户和住宅主人当中有两位也是书商。在接下来的岁月里，这座建筑先后用作报社、铜匠铺和咖啡店。詹姆斯·亨利·约翰逊（并非亲属）因为急于要保护这座建筑使其免遭破坏，于1887年花费800英镑将其买下。他去世后，利奇菲尔德市政府买下了塞缪尔·约翰逊出生地故居，于1901年7月正式对外开放。

塞缪尔·约翰逊出生的住宅。这座住宅的主人一直是他的父亲迈克尔·约翰逊。老约翰逊本想把它遗赠给利奇菲尔德当地人。但是在他去世后住宅即被出售。

作为国家一级建筑，这处塞缪尔·约翰逊故居被列为人物传记博物馆，展示着塞缪尔·约翰逊不平凡的人生经历。室内展出了许多他早期发表的罕见版本作品，以及各种图片、绘画作品、手稿和家具。他的出生地故居与书籍很有缘分，而书籍又在影响塞缪尔·约翰逊这位散文家和批评家的生活方面发挥过极其重要的作用。如今这座人物传记博物馆让人们永远铭记着塞缪尔·约翰逊的卓越才华。

今天从风景画中走出

艾萨克·沃尔顿 | Izaak Walton

穿行于斯塔福德市和斯托克市（Stoke）列车上的旅客们可能会不经意间看到，离铁路只有几码远的农田环绕着的一处漂亮花园里坐落着一间美丽如画的茅草屋舍，为周围的环境增添了一种优美的乡村韵味。大多数游客哪怕只是掠过一眼，都会认为这间茅草屋完美体现了风景如画的英格兰田园特色。它在列车窗前只是一闪而过，许多旅客并不知道它历史悠久，而且同英国最受尊敬的作家与乡民结有一段不解之缘。

这座砖木结构的村舍始建于17世纪初期，归艾萨克·沃尔顿所有。1653年他写成《高明的垂钓者》（*The Compleat Angler*）[①]一书，从此确立了自己的文坛地位。这座村舍是哈夫海德农场（Halfhead Farm）的一部分。当年他花费350英

①又译《钓客清话》或《垂钓大全》。

镑买下了哈夫海德农场。他对农场生意很感兴趣，特意雇用了一个农民为他管理农场。沃尔顿还是著名的传记作家。不过具有讽刺意味的是，关于他本人生活的一些细节却所知不详。但有一点可以确定：他从未在茅草屋里居住过。甚至也没有任何证据表明他曾经走进过茅草屋。

艾萨克·沃尔顿的茅草屋，与繁忙的铁道线近在咫尺。1927 年其茅草屋顶燃起的大火很可能由过往蒸汽火车上飞过来的火星引起。花园里种植着紫杉树篱和多种香草，使许多游客流连忘返。

他是一位有钱人。21 岁时他在伦敦的舰队街经营自己的亚麻制品生意。他所写的诗人约翰·邓恩（John Donne）的传记大获成功，使他步入伦敦文人墨客的行列。英国爆发内战时，他已成为斯塔福德非常富裕的地主。对于他这样一位腰缠万贯的富主来说，农场里的一座农夫茅草屋档次不高，实在不能屈身入住。

沃尔顿一生跨越英国四朝君主统治时代。他绝不会想到《高明的垂钓者》一书在后世能够获得如此大的成功。除了莎士比亚的作品、《圣经》和《哈利·波特》系列故事以外，《高明的垂钓者》这部不朽的垂钓指南与乡村民俗之作据说是发行量最大的英语作品，从未绝版。

沃尔顿在英国内战期间支持保皇党，因此他不得不选择一个安全中立的写作题材。神学与政治主题根本不在考虑之内。最终他选择了优雅的垂钓题材。当时垂钓是英国最受欢迎的业余爱好活动之一。

很可能是沃尔顿的作家朋友，伊顿公学校长亨利·沃顿（Henry Wotton）引导他喜欢上了垂钓之乐。沃尔顿最初在沃顿写作诗人约翰·邓恩传记时，协助他研究约翰·邓恩的生平。然而书未写完沃顿就去世了。于是沃尔顿接替他为传记作者。人们认为他们两人很可能曾经在泰晤士河畔一边惬意垂钓，一边谈论传记的写作进展情况。沃尔顿后来还写了一部沃顿传记。

奇怪的是，现今一代垂钓爱好者当中很少有人去参观沃尔顿的那座茅草屋。即使去过的垂钓爱好者也没有发现有什么线索能够表明当时沃尔顿使用的是何种垂钓装备。垂钓专家们一致认为，当时几乎没有任何正规的垂钓装备。沃尔顿很可能只用一根树枝做鱼竿，使用的是马尾鱼线。一直到乔治王朝时代，垂钓还只是一种比较原始简单的户外活动。

艾萨克·沃尔顿的茅草屋室内陈设布局引人入胜，有助于我们深入了解他所取得的许多成就。图中的人体模型展现着这位作家坐在客厅桌前时的体态身姿。

沃尔顿喜欢去垂钓的河流之一是附近的多佛尔河。他和好友查尔斯·科顿（Charles Cotton）在那里垂钓过多日。沃尔顿还在汉普郡的米恩河（River Meon）垂钓过。他认为那里风景如画，溪水清浅湍急，鳟鱼很多，令人心旷神怡，胜过整个英格兰。

直到大约1920年，那间茅草屋仍然是哈夫海德农场的一部分。随后对外出售，但附加条件是：买主应该将其作为艾萨克·沃尔顿纪念博物馆对外开放。当地商人成立了一个托管组织，筹集到50英镑将其买下。另外还需要500英镑修复这座破败不堪的茅草屋。1924年斯塔福德勋爵主持了博物馆开馆仪式。但是茅草屋的修缮工程三年后仍未完工，因为当时一场大火席卷了茅草屋顶。起火原因可能是因为从附近通过的蒸汽火车上飞来的火星点燃了屋顶茅草。茅草屋博物馆被迫闭馆一年。

1938年又发生了一起更大的火灾，茅草屋博物馆再次闭馆维修。第二年重新开馆时屋顶铺上了更加安全的瓦片，以防火灾再度发生。博物馆里还存有开馆仪式的照片。1965年博物馆托管组织解散。随后斯塔福德市政府将这座博物馆买下。

这里的花园对于每年上千名游客中的大多数人来说是一个令人欣喜、很有情趣的地方，里面种植了一些旧时的玫瑰、灌木，可以看到各种草本植物花坛。另外还有一个较大的香草园，薰衣草篱笆散发着醉人的芳香。

艾萨克·沃尔顿的茅草屋展现出作为一位早期的环境保护主义者其所具有的个人影响。洗涤室壁炉旁边摆放着一架纺车。此外茅草屋内还展出有其他人工制品。

这座村舍式博物馆的内部陈设展品反映出17世纪典型家居住宅里的生活、工作条件，记录着数百年来的垂钓历史。虽然艾萨克·沃尔顿从未在这里居住过，但是这间茅草屋同他的姓名和声誉有着非常密切的联系。他对英格兰乡村的热爱，对垂钓的真知灼见已经通过其传世名作展现出来。

艾萨克·沃尔顿 1593—1683

沃尔顿出生在斯塔福德市，父亲经营着一家酒馆。28 岁时他开始在伦敦做五金生意，后来娶托马斯·克兰默（Thomas Cranmer）[①]的一位重侄孙女为妻。1647 年他娶的第二任妻子安妮·肯（Ann Ken）是赞美诗作家托马斯·肯同父异母的妹妹。他结交的朋友包括著名作家和牧师，晚年生活在英格兰南部城市温彻斯特。对于沃尔顿来说，《钓鱼妙手》（*The Art of Angling*，1577）这本书是汲取写作灵感和思想内容的宝贵源泉。他读过之后很受鼓舞，竟也提笔写起了垂钓雅趣，并且描述了各处江河及其拥有的鱼类资源。除《高明的垂钓者》——本书第二版内容大部分经过改写——他主要写作人物传记，包括英国神学家理查德·胡克（Richard Hooker）的传记。1640 年他发表了有关诗人约翰·邓恩的研究成果。

---

①1489—1556，英国改革教会的首任坎特伯雷大主教。

景色凄凉，心却盛情

D.H. 劳伦斯｜D.H. Lawrence

距离诺丁汉市以西 8 英里的伊思伍德市（Eastwood）维多利亚街 8A 号住宅，自 19 世纪 80 年代劳伦斯一家入住以来几乎没有发生任何变化。在维多利亚时代末期，戴维 · 赫伯特 · 劳伦斯（David Herbert Lawrence）就出生在这座简朴的红砖排屋住宅里。这是当时典型的后街住宅，充分体现出那个时代普通简陋的生活条件和社会等级现实。

维多利亚街位于伊思伍德市被称为“新建筑”的一个城区。那里采取棋牌式街道布局，中间分布着由当地采矿公司在 19 世纪 50 年代修建的矿工住宅。如今劳伦斯的出生地住宅已开辟为博物馆，同原来的家居住宅非常相像。一走进室内，就会真切地感受到 125 年前矿工社区的生活氛围。

劳伦斯一家居住的矿工小屋。附近的环境作为这位著名作家的纪念遗迹被原样保留下来，图中所示住宅背靠较大的公用地段，劳伦斯将那里描述为“肮脏不堪，令人憎恶的空地”。

劳伦斯的父亲亚瑟是附近布林斯雷煤矿上的矿工，母亲莉迪亚当过教师。莉迪亚的父母分别是工程师和卫斯理宗的世俗传教士。因此她比丈夫受过更好的教育。而丈夫却讨厌读书，远近皆知。莉迪亚是一位有着强烈道德信念并且笃信宗教的女人。同当时的许多女人一样，她品味高雅，有自己的社会抱负。劳伦斯一家人在维多利亚街居住的时间相对较短。

D. H. 劳伦斯在家里五个孩子当中排行第四，是最小的儿子，家人都称他为伯特。他出生的房间就是故居楼上正面的卧室（目前也已对外开放）。这间卧室以及整个博物馆里的家具和人工制品均产于维多利亚时期。另外展出了几个家具原件，包括属于莉迪亚的那张床头桌。

D.H. 劳伦斯出生地维多利亚街 8A 号住宅的正面卧室。由于家庭生活并不富裕，只好将室内一个柜子的抽屉用作新生婴儿的临时小床。

一楼前厅非常整洁，气氛肃穆庄重。里面摆放着方桌和大叶盆景蜘蛛抱蛋，算是室内最重要的摆设装饰。这间客厅在住宅里很少使用。按传统习俗，在许多这样的住宅里只有在星期日和特殊场合下才使用前屋客厅。比如，当地教区牧师在喝茶时间来访，家庭聚会，或者为逝去的亲人做殡葬准备，供客人吊唁。厨房门对着庭院，可以由此走向大街，所以经常使用。但是前门却很少打开。前门台阶的状态以及住宅的整体外观是左邻右舍评价住户的重要标准。

展示厅依照劳伦斯一家记忆中的原样重新复制出来。里面摆放着一件原有家具，那是属于莉迪亚的小衣柜。这个房间也是莉迪亚为了补贴家用而制作的亚麻布衣服和婴儿服装的陈列室。

在屋外房后有一个洗衣房，向我们展示着那些久被遗忘的曾经忙忙碌碌的工人社区生活境况。在那个时代洗衣要用大铜锅、轧干机。在冒着烟的烟囱和土褐色屋顶下面，平时总是晒着许多洗过的衣物。维多利亚街 8A 号的洗衣房是公用的，供居住在同一组排屋里的三四个家庭集体使用。星期一是指定的洗衣日，也是一星期之内最为漫长艰苦的一天。在这一天要洗的衣物实在太多了，按照惯例，家中的长女要休学一天，帮着烧水洗衣。

正面客厅里摆放着一盆大叶盆景蜘蛛抱蛋，一个可移动食柜，有时还能燃起熊熊的炉火。这里被视为劳伦斯家最好的房间，平时很少使用。

我第一次去伊思伍德是在 2010 年。那一年正值《查泰来夫人的情人》（*Lady Chatterley's Lover*）出版公案 50 周年，不由得拿劳伦斯的一部长篇小说进行了一番比较。那个秋日灰暗阴郁，骤雨狂风冲击着劳伦斯出生的那座不大的住宅。维多利亚街前方远处的屋顶在雨中闪闪发亮。眼前一片灰蒙蒙的凄凉景象使我想起了劳伦斯的名著《儿子与情人》（*Sons and Lovers*）。

劳伦斯小时候见过的各种人物和地方对他的文学创作产生了极大影响。伊思伍德这个诺丁汉郡的古老工业区在他的作品中得到了广泛再现——尤其在《儿子与情人》中。两年后劳伦斯一家离开维多利亚街，并于1891年搬到了附近行人街的一座住宅里。劳伦斯写道："在我创作的涉及诺丁汉郡和德比郡（Derbyshire）的长篇小说中，故事场景主要围绕我的出生地伊思伍德展开。无论谁在行人街上，都会看到《儿子与情人》中的场景全都展现在眼前。"

D.H. 劳伦斯 1885—1930

劳伦斯刚刚出生时是个肺部虚弱的病婴，别人担心他活不下来。身体病弱困扰了他一生，中期有几次肺炎复发，使得病情进一步加重。上学时其他儿童都把劳伦斯视为瘦弱小儿。他身体不强壮，踢不了足球，也无法参加其他需要拼体能的体育活动。因此，他只好在教室里或运动场上同女生待在一起。

劳伦斯在伊思伍德度过了少年成长时期。他是矿工的儿子，出身于工人阶级家庭，这使他能够极为深刻地看清人世境况和社会等级结构。在母亲的鼓励下，他成了一名小学教师。第一部长篇小说《白孔雀》（*The White Peacock*，1911）发表后获得成功，他又转行成为一名专职小说家和诗人。一年后，他与在诺丁汉大学就读时的语言学教授的妻子弗丽达·威克利（Frieda Weekley）私奔。弗丽达离婚后，劳伦斯同她于1914年结为夫妻。在这前一年他发表了半自传性质的长篇小说《儿子与情人》，大受读者欢迎。劳伦斯夫妇勉强维持生计，过着居无定所的生活。他们承蒙朋友们的好意多处留住，并在欧洲广泛游历。

劳伦斯因患肺结核去世。在他去世30年后经高等法院裁定，同意企鹅出版集团出版他创作的那部“声名狼藉”的长篇小说《查泰来夫人的情人》（1928）未经删节的版本；随后这部长篇小说又吸引了新一代广大读者。小说中露骨的性爱描写内容仍然是争论的焦点（按照当今的标准来看，反倒显得平常，甚至司空见惯，不足为怪）。

多变的美丽

乔治·戈登·拜伦 | George Gordon, Lord Byron

纽斯特德修道院世事多变的过去，同其最著名的主人乔治·戈登六世拜伦勋爵那非比寻常的传奇人生经历相比，可以说毫不逊色。拜伦于 1808 年至 1814 年间在此居住，虽然时间不长，却在这幢著名古老建筑的历史上谱写下了浓墨重彩的独特篇章。

纽斯特德修道院俯瞰着几处湖泊和 300 英亩公共绿地，拥有数处花园。这座修道院在 12 世纪由亨利二世创办，最初用作奥古斯丁修道院。关于创办这座修道院的原因多年来一直有种种猜测。官方的解释是，亨利二世创办纽斯特德修道院是为了纪念他的祖父。但是也有人认为，其目的是为了对托马斯·贝克特[①]遇害一事做出补偿。在国王亨利八世下令解

①贝克特是亨利二世任命的坎特伯雷大主教，上任后却与亨利二世作对，最终遇害。

散全国的修道院后，纽斯特德修道院便转让给了约翰·拜伦爵士。当时他有一个雅号：“留着大胡子的小个子约翰爵士”。

纽斯特德修道院是浪漫派诗人，第六世拜伦勋爵乔治·戈登·拜伦的故居。图中左侧是古老的教区教堂（可追溯到1274年）的西侧正面。原有教堂在内战中遭到毁坏。

约翰爵士后来把纽斯特德修道院改建成一座气势雄伟的家居宅邸。近300年间，这处庄园一直被用作拜伦家族的主要乡间宅邸。约翰爵士的一位后人，被称为“邪恶勋爵”的五世拜伦勋爵曾经隐居在此地。他在一场决斗中杀死了他的堂兄弟，最终他死在了厨房旁边的洗涤室里。据说那是豪宅里唯一带有防水屋顶的地方。他死后这处房产转让给了他的侄孙，当时已是著名诗人的乔治·拜伦。

1798年拜伦继承纽斯特德修道院时只有10岁。然而等待着这位年幼继承人的却是使他惊诧的凄凉场面。他和母亲来到诺丁汉郡后发现，他继承的住宅几乎处于破败废墟状态。

大厅的物品包括壁炉在内全都被拆掉抵债，其他各处也呈现出破败废弃的迹象。他的那位叔祖父等于是把一个有毒的圣餐杯递到了他的手里。然而这座规模宏大的庄园却唤起了拜伦心中那种当众炫示，铺张浮夸的心理。他从未在纽斯特德长期居住，但是后来他却多次重返这处著名的具有浪漫色彩的废墟庄园。

由于缺少资金，拜伦无法按照自己的心愿改造纽斯特德修道院。不过他却时常以其他方式在那里过着奢侈铺张的生活。他从不会让别人感到厌烦乏味。他言行举止张扬浮躁，又具有极为丰富多彩的想象力，每次来到纽斯特德修道院都过着古怪之人的生活。除了举办疯狂晚会以外，他还沉迷于在大厅里练习手枪射击，在客厅练习拳击，让一头经过驯化的熊和狼在走廊里游荡。

拜伦半身石膏像（1826），由雕塑家 E. H. 贝莱创作，摆放在大楼梯上向外凸出的窗台上。

虽然经济上并不宽裕，拜伦还是筹集到足够的资金翻修了两个房间，一个供母亲使用，一个自己使用。两个房间翻修完毕，他就立刻为朋友们举办了一场豪华的晚会。这倒也符合他的为人处世风格。他和客人们在床上一直躺到中午，然后其余的时间就用来练习击剑、骑马、打板球、在河上泛舟。为满足拜伦对荒诞之事的爱好要求，晚上的娱乐活动要求每个参加晚会的客人都扮成僧侣的样子。

对于纽斯特德修道院里的用人也有严格要求。拜伦只雇用那些五官长得完美标致，看上去养眼舒心的工作人员。任何人，无论哪方面丑陋或者有缺陷肯定要被赶走。拜伦家族的前辈们在为人处世上同样不拘礼法，反复无常。用人也要在纽斯特德修道院的湖上参加军事演习，乘坐小型战船在水面上实弹开仗。

在纽斯特德修道院二楼，大厅前方就是拜伦使用的镶有橡木嵌板的华丽餐厅。18世纪末期著名的赫波怀特（Hepplewhite）餐厅家具同拜伦餐厅里家具原件极为相像。雕刻精美，带有纹章图案的壁炉架上方的壁饰出自附近一处拜伦家族的房产——考尔维克大厦（Colwick Hall）。上面标着年份1556，并带有家族饰章和拉丁文座右铭：Crede Byron（信任拜伦）。

纽斯特德修道院的阿帕湖，拜伦常带着他的两只爱犬包茨维恩和莱昂在这里游泳。图中要塞是第五世拜伦勋爵修建的几处建筑之一，他利用这个要塞在湖上演习作战。

一段螺旋楼梯通向拜伦的卧室和更衣室。自从拜伦在这里居住到现在，两个房间的陈设布局发生了很大变化。拜伦从他在剑桥大学三一学院求学时居住的房间里搬来了一张安有四根帷柱的大床。大床上面挂着圆形遮篷，配有装饰着四个男爵小冠冕的镀金华盖。他睡觉时从来都把手枪放在身边，子弹上膛。每天定要确保手枪完好可用。

相邻的更衣室由于准备重新装修，于 1814 年将室内的东西全部搬出，但是后来再也没恢复原貌。这个房间是纽斯特德修道院里最为吸引人、最有独特情调的一个房间，绝非因为传说中的闹鬼缘故。拜伦声称，1814 年有位僧侣的鬼魂曾经来这里找过他，告诫他不要娶安娜·伊莎贝拉·米尔班克（Anna Isabella Milbanke）为妻。傲慢的拜伦自然不会理睬这个建议，照娶不误。但是那段婚姻并没有持续多久。在拜伦的讽刺杰作《唐璜》（*Don Juan*）中，诺曼修道院（Norman Abbey）里的黑衣修士即是受到僧侣鬼魂启发而创造出的一个人物。

后来由于拜伦身无分文，不得不离开纽斯特德修道院以应付不断增加的巨额债务。他将这座中世纪修道院卖给了他的朋友托马斯·怀尔德曼（Thomas Wildman）。此人从自家在牙买加经营的种植园里继承了一笔财产。1818 年经双方商定，修道院出售价格为 9.45 万英镑。在随后的 40 年里，纽斯特德修道院一直是怀尔德曼的私家宅邸。在这期间修道院建筑经过了改造修缮，呈现出兼有乔治王朝时代晚期与维多利亚时代早期的诺曼、哥特式建筑风格。

1859 年怀尔德曼去世后，纽斯特德修道院被一位富裕的地主威廉·弗雷德里克·韦伯（William Frederick Webb）买下。新主人是探险家戴维·利文斯通（David Livingstone）的朋友，后者曾经救过韦伯的命。利文斯通作为韦伯的客人留住在了纽斯特德修道院。

韦伯及其后代先后成为纽斯特德修道院的新主人，一直到 20 世纪初。1931 年纽斯特德转让给诺丁汉公司，该公司将其开辟为一家博物馆。

乔治·戈登·拜伦 1788—1824

拜伦出生在伦敦，他的祖父是海军军官，父亲是拜伦上尉，绰号“疯狂的杰克”。母亲名叫凯瑟琳·戈登（Catherine Gordon），是苏格兰阿伯丁郡（Aberdeen）吉特庄园（Gight）女继承人。母亲性情暴躁，拜伦本人又身有残疾（一出生便跛脚），这也许就是导致拜伦后来浮躁张扬、行为怪异任性的主要原因。1798 年叔祖父去世后，拜伦继承了罗奇代尔（Rochdale）六世男爵的贵族头衔。他曾就读于阿伯丁文法学校，达尔维奇男校和哈罗公学。1805 年就读于剑桥大学三一学院，在那里过着放荡的生活。早期发表的诗集《闲散时光》（*Hours of Idleness*）反响不佳。随后拜伦开始广泛游历，先后到过西班牙、马耳他、希腊、阿尔巴尼亚以及其他许多地方。他在旅途中的所见所闻在其名作《恰尔德·哈罗德游记》（*Childe Harold's Pilgrimage*，1812—1818）中有所描述。

《恰尔德·哈罗德游记》前两章发表后，拜伦一举成名，很快被公认为当时最有名的公众人物，相当于今天我们说的大明星。他与卡洛琳·兰姆夫人的风流韵事成为举国关注的热点话题，使他的重要身份和恶名得到进一步彰显巩固。1815 年他娶安娜·伊莎贝拉·米尔班克为妻。女儿阿达出生一年后，她离开了拜伦。当时也有传言说，拜伦与他那位同父异母的姐姐奥古斯塔·利（Augusta Leigh）之间有不伦之恋。在不被社会所接受的情况下，拜伦再次出走欧洲并遇到了诗人雪莱。在威尼斯，他与特雷索·圭乔丽（Tereso Guiccioli）一见钟情，建立了情人关系。拜伦的一些最佳诗作便写于这一时期，包括《贝珀》（*Beppo*，1818）、《审判的幻景》（*A Vision of Judgment*，1822）和具有讽刺笔调的长诗《唐璜》（1819—1824）。

拜伦在参加过希腊人反抗土耳其人的起义之后，因患沼泽热在米索隆基（Missolonghi）去世。他的遗骸运回英格兰，安葬在纽斯特德修道院附近的哈克纳尔-托卡德教堂（Hucknall Torkard）的家族墓地里。

难忘的栀子花香

艾迪斯·西特维尔 | Edith Sitwell

20 世纪 60 年代下半叶中间那几年，一个年龄在 5 到 10 岁之间的小女孩经常在雷尼绍庄园（Renishaw Hall）四周宽阔的庭院里玩耍。这般情景司空见惯，小女孩也和所有其他孩子一样玩着自己喜欢的游戏。然而，这位名叫亚历桑德拉，后来成为雷尼绍庄园女主人的小女孩，当时第一次来到宽阔的室外庭院时，有些惊讶地发现靴子上粘了一层煤粉。生活在工业区这种情况在所难免，而且一直持续到 20 世纪 80 年代附近的雷尼绍煤矿最终关闭为止。

西特维尔一家人几乎没有任何可抱怨之处。他们原先靠工业生产发了家。在庄园上发现蕴含量丰富的煤层之前，他们是世界上最大的铁钉生产商。通过艰苦努力再加上福星照耀，终于使他们成功发迹。

就在年龄尚小的亚利桑德拉·西特维尔（Alexandra Sitwel）有一天外出玩耍时发现靴子上粘煤粉之前不久，她和父母乘坐汽车从伦敦来到了雷尼绍庄园。那一年是 1965 年，但那一天却不是一个普通的日子。他们一家驱车沿着长长的车道奔向雷尼绍庄园。亚历桑德拉闭上了眼睛，兴奋与期盼的感觉几乎势不可挡。这位七岁的小女孩就要看到雷尼绍庄园了。

她的父亲，瑞斯比 · 西特维尔（Reresby Sitwel）爵士刚刚从他的伯父奥斯伯特 · 西特维尔（Osbert Sitwel）那里继承了雷尼绍庄园。当时住宅里一到冬天就又冷又潮湿，大部分房间一年到头很少使用。在寒冷结霜的早晨，室内温度非常低，全家人只好在吃完早餐后躲进温暖舒适的汽车里阅读晨报。

西特维尔家族通过生产铁钉与煤炭发家致富。这座豪华建筑见证了这个家族的兴旺发达历史。

亚历桑德拉在成长过程中经常思索雷尼绍庄园的历史，

西特维尔家族家系以及家族中不同凡响的文学遗产。西特维尔家族成员不是贵族。他们是很负责任的土地拥有者，性情古怪的上流社会人士。

即使在今天，仅仅他们的名字就能使人想起这个名门望族那些众人皆知的怪异之处。

西特维尔家族的后代孩童艾迪斯、奥斯伯特和萨谢弗雷尔曾在雷尼绍庄园的这座花园里开心地嬉戏玩耍。他们的传记作者安东尼·鲍威尔将他们称为“引领时代潮流的先锋……新一代纨绔子弟作家中的佼佼者”。

作为西特维尔家族长达350多年的世居祖宅，雷尼绍庄园于1625年专为德比郡名誉郡长乔治·西特维尔建造。起初是一座具有奔宁山区风格的庄园宅第，后来又经过一系列增建改建。从中也可以看到著名建筑师埃德温·鲁琴斯的影响痕迹。室内摆放着各式家具和手工艺品，其中许多都是西特维尔家族后代成员添置的。另外庄园里还有藏书约 3 万册。

大约在 20 世纪初，即雷尼绍煤矿关闭近 100 年前，又一代西特维尔家族的孩童在雷尼绍庄园庭院玩耍。艾迪斯（Edith）和她的两个弟弟奥斯伯特（Osbert）、萨谢弗雷尔（Sacheverel）——这三个人分别是亚历桑德拉 · 西特维尔的叔祖母、叔祖父和祖父，三人好得跟一个人一样。他们在非常宽敞的住宅和花园里嬉戏玩耍，通过各种游戏展现着自己的梦想。

这三个孩子同用人在一起的时间比他们跟门第悬殊的父母相处的时间还要多。西特维尔家的男仆亨利 · 莫特（Henry Moat）是他们非常亲密的盟友。每当他们的父亲乔治 · 西特维尔爵士走来时，他就向他们发出警告。艾迪斯同父亲乔治爵士和母亲的关系既疏远，又紧张。这不足为怪，因为她的母亲原本想要个男孩儿。

长大成人后，西特维尔家族的后人们搬到了伦敦，不过他们仍然经常回到雷尼绍庄园去看一看。20 世纪 20 年代，他们已经成为伦敦文学界的名人。而萨谢弗雷尔则是西特维尔家族后人中最高产的一位作家。在雷尼绍庄园，每天一开始的情景便是艾迪斯躺在安有四根帷柱的床上，在笔记本上奋笔疾书。这张床现在仍然展现于被列为一级建筑的庄园里。艾迪斯的传记作者萨拉 · 布拉德福德（Sara Bradford）这样描述艾迪斯这位作家："在散发着已被丢弃的栀子花和晚香玉浓郁香气的卧室里，在床上躺到很晚才起来，读读法国小说、报纸或书信。再就是用手折的皮制纸牌玩单人纸牌游戏。”

艾迪斯深深眷恋着从中吸取创作灵感的那座童年时代的家宅。虽然她通常居住在伦敦，但是她心灵情思却是在雷尼绍故园。她热爱故园祖宅的雄伟气势与神韵，热爱那里幽居宁静的氛围。

在第二次世界大战期间，西特维尔家族的这些作家们达到了自己最具影响力的巅峰状态。雷尼绍庄园也接待过无数有名望的客人。伊夫林·沃就是一位常客。他认为西特维尔氏作家们“使文学摆脱了枯燥乏味的弊端”。威廉·沃尔顿有时也登门拜访。至今还能看到他年轻时在雷尼绍做客时拍摄的照片。西特维尔姐弟们非常古怪，个性鲜明，很大程度上在文学界独领风骚。他们勤奋刻苦，同时又衣食丰足，享受着奢华的生活方式。他们的作品数量庞大，总共发表了近200部诗歌、小说、传记以及有关音乐、艺术和文学的批评作品。

第二次世界大战期间，夜晚时常发生空袭。在吉凶不定的情况下，艾迪斯和奥斯伯特逃离伦敦，回到了雷尼绍庄园。他们晚上借着煤油灯柔和的光继续写作。艾迪斯还花费很多时间给从军的朋友们编织衣物，其中就有后来的著名演员亚历克·吉尼斯（Alec Guinness）。艾迪斯为他编织了一双和高筒橡皮靴相配的长袜。

1926年9月的一天，D. H. 劳伦斯借着少有的回到英格兰中部故乡的机会登门拜访雷尼绍庄园。然而，西特维尔姐弟们没有一人在家。约翰·皮尔森在他所著的《西特维尔氏作家正传》（*Façades — the Life of the Sitwels*）一书中写道："房门紧闭，劳伦斯……留下了一个雷尼绍庄园极不热情待客的印象。他永远不会忘记这次经历的冷遇。"第二年春季，劳伦斯最终在意大利的托斯卡纳遇到了艾迪斯和奥斯伯特姐弟。这是他们唯一的一次见面。

在登门拜访雷尼绍庄园一个月后，劳伦斯开始写作第一稿《查泰来夫人的情人》。在这部长篇小说中，查泰来一家的宅邸勒格白山庄（Wragby Hall）被描述为"用褐色石头建造的又长又矮的旧宅，大约始建于18世纪中期。后来经过多次扩建，最终形成了没有显著特点的兔子窝式住宅"。对于勒格白山庄的描写也许受到过劳伦斯拜访雷尼绍庄园经历的影响。不过西特维尔家族世居祖宅的历史要比它早125年。然而勒格白山庄在德比郡煤田阴影笼罩下的位置与其周围环境倒也协调。小说中提到查泰来夫人去过附近的切斯特菲尔德一事，更增加了这种说法的可信程度。劳伦斯甚至可能以西特维尔一家人为人物原型塑造出了查泰来一家的人物形象。难怪后来艾迪斯将《查泰来夫人的情人》贬斥为"一本肮脏下流，毫无价值的作品"。

艾迪斯·西特维尔 1887—1964

艾迪斯出生在约克郡的海滨城镇斯卡布罗（Scarborough），是家中长女，父亲乔治是城镇议员。虽然小时候是个不幸的孩子，由于有两个弟弟的陪伴和一位家庭女教师的鼓励，她在雷尼绍庄园的生活还算说得过去。家庭女教师引导年幼的艾迪斯学习音乐和文学。艾迪斯在两次世界大战之间创作的大部分诗歌抨击了人类残忍的一面，第二次世界大战的爆发和原子弹的使用更是表明了这点。她创作于1923年的第一部诗集《幻景》（*Façade*）曾由威廉·沃尔顿爵士配乐朗诵过。当这部诗集在伦敦朗诵时引发争议，从而受到广大公众的关注。其他作品包括《过气时尚的挽歌》（*Elegy for Dead Fashion*，1926）、《伊丽莎白的篝火》（*Fanfare for Elizabeth*，1946）。艾迪斯在文学创作的巅峰时期过得丰富多彩，很有收获，比如与好莱坞名流交往，同玛丽莲·梦露一起品茶。1954年，艾迪斯被封为大英帝国女爵士。她身材非常高大，长着一张瓜子脸，鹰钩鼻，整个外貌让人看了暗自吃惊。不过她那讨人喜欢的张扬个性却溢于言表。艾迪斯为人机智风趣，对朋友忠贞不渝。

奥斯伯特·西特维尔 1892—1969

奥斯伯特出生在伦敦，曾就读于伊顿公学，在后来由他继承的雷尼绍庄园长大。他身不由己地参加过第一次世界大战，其和平主义观点反映在早期创作的讽刺诗当中。

他发表的作品包括一系列旅游类图书，几部长篇小说，五卷本的自传《左手右手》（*Left Hand*：*Right Hand*）。

萨谢弗雷尔·西特维尔 1897—1988

萨谢弗雷尔·西特维尔曾就读于伊顿公学，后来成为英国近卫兵步兵第一团的军官。最终他作为一位多产作家，以其广受好评的旅游类图书成名。此外他还创作诗歌，是一位著名的评论家，非常健谈，并写过莫扎特的传记和李斯特的传记。

英格兰东部

亲身经历的独一无二

露西·波士顿 | Lucy M. Boston

位于海明福特格雷村（Hemingford Grey）的庄园古宅（The Manor）是英格兰历史最为悠久的建筑之一，由诺曼人始建于大约1130年，作为久远迷人的遗迹保留至今。尽管经过多次改建并且在18世纪末还遭遇过一场火灾，庄园大部分原有结构依然存在。古老墙壁上装饰着透露出丰富信息的嵌板和插画，似乎在讲述着自己的身世，展示出不同的历史发展阶段。乍看起来，其悠久历史和身世似乎表明这是一座教会建筑，或某类废墟。其实这样看就大错特错了。近900年来这座庄园古宅一直有人居住，只是有关它的史料记述极少。目前庄园古宅已经对外开放。它主要是作为一处民居住宅，而不是一座博物馆。

庄园古宅是个神秘的地方，坐落在乌斯河畔，距亨廷顿镇也不远。游客们从河岸上通过那道小门走进庄园古宅后，会立马被其富有浪漫色彩的环境和具体可感的历史氛围所打动。厚厚的石墙，一处处诺曼人的历史特色似乎掩盖着许多不可告人的秘密。虽然庄园古宅历经数百年社会政治动乱，但是仍然能够使人禁不住浮想联翩。

第二次世界大战初期，露西 · M. 波士顿正是从乌斯河的这片水域上发现了位于海明福特格雷村的那座庄园。村民们在沿着庄园近旁的曳船小道行走时特别谨慎，因为他们认为庄园住宅是个闹鬼的地方。

多年来，庄园古宅一直是作家露西 · M. 波士顿的住宅。在第二次世界大战爆发前她买下了庄园古宅。1915 年她第一次从河上看到了这座庄园古宅，当时就觉得环境幽静，只是无人赏爱。在随后那些年里，她经常想到这座庄园古宅。后来因为婚姻破裂，波士顿开始四处寻找合适的住处。她获悉在海明福特格雷村有一处房产要出售。当时是 20 世纪 30 年代，她在大约 14 英里外的剑桥租了一套公寓。听闻出售庄园古宅的消息后，她立刻跳上出租车赶奔村庄。1939 年 5 月 31

日，她毫不犹豫地买下了庄园古宅，成为那里的新住户。在接下来的 50 年里，她花费了很多时间致力于维护古宅，使其恢复原貌。

露西 · M. 波士顿刚刚买下庄园古宅时，花园面积不大，只占有几处地块。她很快改变了花园现状，种植了紫杉。后来又将紫杉进行造型修剪，还种植了传统玫瑰。她是一位心灵手巧、很有创造力的女人，许多事情都能做得干净漂亮。然而不久她便引起了左邻右舍的怀疑。当时正值战争年代，一位单身女人独自住在一座大宅第里总会被当成卖国嫌疑重犯。

露西 · M. 波士顿买下庄园时，图中的这座住宅处于破败失修状态，大部分原有结构被乔治王朝时代扩建的部分遮挡住。波士顿不辞辛苦，花费数年时间终于完成了对住宅的复原修缮工程。

就露西 · M. 波士顿那时的情况而言，当地人觉得他们有充足的理由担心叛徒就在他们中间。据说海明福特格雷村头脑机敏的村民们发现波士顿会讲德语，而且战争爆发前，她曾经在意大利和奥地利当过艺术家。难道她是间谍？有人发现在灯火管制时段，有几次她让庄园古宅阁楼里的灯继续亮着。于是村民们对她的怀疑进一步加深了。他们当时认为她这是在向敌人发信号；她肯定是从当地的皇家空军驻地获取了什么重要情报。

露西·M. 波士顿的确同英格兰东部的军方建立过联系。但是她的动机并无恶意，而是完全出于爱国之心。战争初期，她邀请当地军人前来参加音乐会，欣赏用那架 1929 年生产的留声机播放的古典音乐。音乐会在庄园古宅的音乐厅里每周举行两次，很受欢迎。于是波士顿便搬来床垫和自己汽车里的后座，额外增加了座席。

战争结束后，庄园古宅再度沉浸在一片宁静气氛之中，但同以往相比已截然不同。在 20 世纪 50 年代初经济紧缩的艰难时期，露西·M. 波士顿把注意力转向文学创作，将她那座绝佳的庄园古宅及其花园想象成为笔下许多故事的背景环境。她创作的第一部作品《紫杉大厅》（*Yew Hall*）发表于 1954 年，是一部专为成年人而写的长篇小说。故事情节涉及黑暗面主题，包括谋杀与自杀。故事就发生在一座气氛阴森邪恶，令人毛骨悚然的乡村古宅里。

同一年她发表了第一部儿童文学作品《格林诺威的孩子们》（*The Children of Green Knowe*）。这是六部系列作品中的第一部。庄园古宅及其占地四英亩的花园在故事中变成了位于乡村深处一座幽灵古宅的背景环境。这些系列作品主要讲的是穿越时空的玄幻故事，通过破解格林诺威古宅的各种秘密，让读者们接近一群在几百年前就已熟悉那座古宅的孩子。格林诺威故事系列作品情节内容令人回味，故事叙述手法高超，被公认为现代儿童文学中最有成就的作品。露西·M.波士顿的儿子彼得给系列作品绘制了插图。至今在参观庄园古宅时还可以看到几幅出自他手的作品，很有特点。

在第一部作品中有个名叫托斯兰德（Toseland）（托利）的小男孩，他要前往曾祖母奥德诺（Oldknow）[①]太太那里，同她一起住在河边一座孤零零的住宅里。从此就开启了通向神话式奇幻世界的神奇之旅。那是一个奇境，但见一片白雪皑皑的冬日荒野上处处呈现出超自然的奇幻景象。还有各种各样古怪的角落和裂缝。有趣的是，奥德诺这个姓氏是作者波士顿从一位美国空军士兵那里借用过来的。他当年就听过波士顿用留声机播放的古典音乐。波士顿后来给他寄去了一本自己写的书表示感谢。

参观庄园古宅会进一步理解它在格林诺威系列故事中所占的重要地位，获得“走进书中情境的独一无二的机会”——广告营销词中就是这样说的。孩子们一来到这里，就发现了一批包括摆放着的摇摆木马和玩具箱在内的名副其实的宝藏。他们睁大眼睛惊奇地注视着这座古宅，凭借着上天入地的想

①字面意思是“老明白人”。

象力，尽情地欣赏体验着周围的一切。

庄园古宅现在的居住者是露西·M. 波士顿的儿媳戴安娜。她负责指导游客参观古宅和花园，布置场景，向游客们解说在故事中托利刚到达格林诺威古宅时的情景。1947 年，在波士顿搬到古宅八年后，冬季的洪水淹没了英格兰东部大部分地区。当肆虐的洪水就要漫过门槛时，作家波士顿被困在古宅里已达一周以上。然而这次被洪水围困的经历后来却被证明出乎意料地有益于创作。在《格林诺威的孩子们》开篇第一章里，托利乘坐火车和出租车穿过一片荒凉的水灾地段。他最终乘船来到了古宅前面，借灯笼发出的光亮把船划到了前门：

> 鲍吉斯先生（园丁）把灯笼递给他，并嘱咐他说如果撞上什么，就拿着灯笼跪在船头大声呼喊。他们划船绕过道路上的两个拐角，然后在矗立着大白门的地方划了进去。托利挥舞着灯笼，看到了泡在水中的树木和灌木丛。小船很快被湍急的水流冲得摇摆起来；灯笼在水中映出了七巧板似的倒影，随波摇荡，又在树干周围映照出金色的光环。最后他们终于划到了一片平静的水域，来到了房屋的台阶前。船身龙骨触到了碎石路面，发出刺耳的摩擦声。所有的窗户都亮着灯。但是由于天色太黑，根本看不清那是什么样的房屋。只看到它又高又窄，像是一座塔楼。

读着一篇篇故事，我们会毫不惊讶地发现，在半个多世纪里作者花费了很多时间精心维护美化的那座庄园古宅，在格林诺威系列作品中占据着举足轻重的位置。露西·M. 波士顿钟爱的庄园古宅是她从事文学创作的灵感来源和动力。

露西·M. 波士顿 1892—1990

露西·M. 波士顿在家里六个孩子当中排行第五。父亲是一位工程师，在她的出生地兰开夏郡（Lancashire）沿海地区的绍斯波特市（Southport）当过市长。第一次世界大战期间她从事过志愿护理工作。1917 年同一位远房兄弟结婚，第二年儿子彼得出生。20 世纪 30 年代中期，这一段婚姻以破裂收场。后来她去欧洲大陆工作了数年，直到由于战争的威胁被迫回到英国，定居在英格兰东部。在国会选区亨廷顿附近的海明福特格雷村，露西·M. 波士顿渐渐使她的新家恢复了原貌。1954 年至 1961 年间，她在庄园古宅里创作出了格林诺威系列儿童文学作品。其他作品包括《紫杉城堡》（*The Castle of Yew*，1965），诗集《时光倒流》（*Time is Undone*，1977），两卷本自传《故园记忆》（*Memory in a House*，1973）和《固执与愚蠢》（*Perverse and Foolish*，1979）。露西·M. 波士顿是一位精力极为充沛，毅力特别顽强的女性。她坦率直言，具有超强的独立性，无所畏惧。她活到近百岁高龄，去世后安葬在附近的海明福特阿伯兹村（Hemingford Abbots）。

满怀希望的萧氏之角

乔治·萧伯纳 | George Bernard Shaw

在第一次世界大战那段黑暗日子里，赫特福德郡（Hertfordshire）一座死气沉沉的村庄里，居民们以某种焦虑不安的怀疑眼光，注视着居住在教区长旧宅的那位怪癖中年人的一举一动。他时常在住宅顶端窗户里亮起灯光。本人又特别怪癖。“简直怪得出奇。”难道在他们中间出现了间谍？卖国贼？

阿约特圣劳伦斯村（Ayot St. Lawrence）的村民们知道此人是位作家。但是他的作家身份并未让村民们对他刮目相看。他们知道他就是爱尔兰著名剧作家萧伯纳。他们了解这一点就足够了。第一次世界大战爆发时，萧伯纳和他的妻子夏洛特已经在那座 1902 年建成的新教区长住宅里居住了八年。不过这位了不起的人物很少在村里露面。萧伯纳夫妇在那座住宅里一直居住到生命的晚年。最后丧偶的萧伯纳以 94 岁高龄在那里去世。

萧伯纳选择居住在阿约特圣劳伦斯村主要是看中了那里的乡村环境，离伦敦又很近。但是他们对居住的房屋并不满意。一开始他们并没有打算在那里长期住下去。萧伯纳夫妇二人前来看房时，它仍然被用作教区长住宅。他们决定先把房屋租下来，只当是在本地区找到合适住房之前的一个临时休息地。没想到，他们在那里一住就是 14 年，最终还买下了那座住宅。在第一次世界大战结束两年后，那里便被称为“萧氏之角”（Shaw's Corner）。

阿约特圣劳伦斯村庄始建于 12 世纪。当萧伯纳夫妇于 1906 年搬来时，这个村庄几乎没有受到时间流逝的影响。村庄里有两座教堂、一个商店，但是没有公共汽车或火车服务业务，没有自来水、煤气和电力供应。与大多数村民不同，萧伯纳可以使用自己的发电设备发电。他们的住宅坐落在占地 3.5 英亩的一个斜坡上，有自己的菜园、果园，还有草坪和一条针叶林带。萧氏之角住宅里面有一间餐厅，一间小型客厅，八间卧室。

另外住宅里还有一间书房。不过萧伯纳许多快乐的写作时光都是在菜园里专供他使用的一间小屋里度过的。从外面看上去，参观萧氏之角的游客们常常误以为这间小屋是个工具房。但是一走进屋内便会知道，这是萧伯纳难得的栖身雅舍。他可以在里面不受打扰，安静地思考写作。

菜园小屋的基座可以转动，因此萧伯纳能够整天追逐着阳光。必要时，这位作家只需用肩膀一顶控制机关，小屋就可以转到合适的位置上。冬天则需要用电炉取暖。一部电话把萧伯纳同外面的世界联系在一起。正是在这间位于英格兰各郡中心地带一座宽阔菜园里的奇异小屋内，萧伯纳写出了最有名的作品。如今在这间小屋内，仍然可以看到萧伯纳使用过的打字机、眼镜和笔记本。

萧伯纳在发表了那份引发激烈争论、颇具煽动性的反战论文《关于战争的常识》（*Common Sense about the War*，1914）之后，村民们进一步加深了对萧伯纳的不信任态度。有人扬言要对他使用暴力。因此一些公开演讲邀请或者突然撤销，或者被他本人拒绝了。然而，最终使左邻右舍对萧伯纳刮目相看的不是人为的战争后果，而是一场自然灾害。

1915 年赫特福德郡迎来特大暴风雪，造成严重灾害。萧伯纳与同村村民和乡间居民一起奋力清除道路上倒下的树木和其他杂物。这是一场罕见的自然灾害，受灾范围很广。阿约特圣劳伦斯村的村民，包括萧伯纳，为了一个共同目标携手战胜了天灾。同一年，一艘德国飞艇有一天晚上在村民的住宅上空飘过，后来坠毁在附近田野里。这使萧伯纳联想到战争的徒劳无益。

25 年后，英国再度卷入战争。那时萧伯纳已经 84 岁。但是如此高龄并没有使他老眼昏花，行动迟缓。不仅如此，他仍然精神矍铄，非常活跃。人们经常看到他劈柴、点篝火、锯圆木、采获橡树果实。他还热衷于徒步旅行，经常每天走上 6 英里。他身穿诺福克夹克和短裤，头戴宽檐帽，别人一眼就能认出是他。除了干体力活、经常锻炼以外，萧伯纳还花费很多时间口述寄给社会主义同道演员和导演的书信。他仍然自己开车，让司机紧张地同他一起坐在车前，必要时还得指导主人操控汽车。

在这一重要时期，萧氏之角的生活并非没有可圈可点的精彩片段。除了好莱坞演员、歌星丹妮·凯耶（Danny Kaye）拜访萧伯纳，1944 年名气如日中天，容貌秀美但感情脆弱的英国女演员费雯·丽（Vivien Leigh）也来到了阿约特圣劳伦斯村拜访萧伯纳。这位五年前在好莱坞制作发行的影片《乱世佳人》中出演女主角的明星演员，欣然同意出演亚瑟·兰克（Arthur Rank）根据萧伯纳 1901 年创作的剧本《恺撒与克丽奥佩拉》（*Caesar and Cleopatra*）改编的同名电影。当时剧作家萧伯纳从未见过费雯·丽。他急切地想要确信她适合出演尼罗河畔美人这一角色。在匈牙利导演加布里埃尔·帕斯卡（Gabriel Pascal）的陪伴下，费雯·丽走进菜园，拜访了萧伯纳的园中小屋。后来影片如期发行，费雯·丽出演女主角。萧伯纳在电影领域所取得重大成就的另一项证据是因 1938 年拍摄的电影版《卖花女》（*Pygmalion*）[①] 而获得奥斯卡奖。这座金像奖展示在萧伯纳故居中。

---

①又译《窈窕淑女》。

萧氏之角大门。萧伯纳于1950年因肾衰竭去世后，骨灰撒在了前面的花园里。

在费雯·丽专程来拜访的前一年，萧伯纳的妻子夏洛特因患慢性骨病去世。此时萧伯纳已进入不平凡漫长人生的最后阶段。他在修剪苹果树时不慎从树上摔下后不幸去世，终年94岁。他和妻子的骨灰一同被撒在菜园里，撒在圣女贞德雕像[①]四周。时至今日，那座漂亮的乡村住宅仍然保持着爱尔兰最伟大的剧作家当年居住时的原有风貌。

乔治·萧伯纳 1856—1950

萧伯纳出生在都柏林，是家中最小的孩子，父母均为爱尔兰清教徒。父亲是位粮食商人兼公务员。20岁那年，萧伯纳前往伦敦做了一名新闻记者。他本人信奉社会主

①萧伯纳有部剧作就叫《圣女贞德》，上演后大获成功。

义，后来成为《星期六评论》（*Saturday Review*）的戏剧评论员（1895—1898），并加入了成立不久的费边社。在世纪之交他进入当地政界，成为伦敦圣潘克拉斯地区的一名顾问（1897—1903）。

1879年至1883年间，萧伯纳创作出五部长篇小说。起初均被退稿，后来才得以发表。他于1892年创作的第一个剧本《鳏夫的房产》（*Widower's Houses*）反响甚微。但后来创作的作品大多获得成功，包括《魔鬼的门徒》（*The Devil's Disciple*，1897）、《华伦夫人的职业》（*Mrs. Warren's Profession*，1898）、《人与超人》（*Man and Superman*，1902）、《巴巴拉少校》（*Major Barbara*，1905）。多年来经常被搬上舞台的剧本《苹果车》（*The Apple Cart*，1929）以及《真相毕露》（*Too True to be Good*）等剧本都是在萧氏之角写成的。萧伯纳一共写了60多部剧本，其中许多剧本仍然在世界各地被搬上舞台。1925年萧伯纳荣获诺贝尔文学奖。

英格兰北部

这所故居的价值就是她

伊丽莎白·盖斯凯尔 | Elizabeth Gaskell

伊丽莎白·盖斯凯尔第一部长篇小说《玛丽·巴顿》(*Mary Barton*）于1848年发表，两年后她与丈夫威廉搬迁到了曼彻斯特市普利茅斯街84号住宅。在随后的14年间，这里成了盖斯凯尔夫人的固定住所。尽管在这里她生活得很愉快，然而她所写的一些书信中的措辞语气却透露出截然不同的生活境况。在此期间，她变得焦虑烦躁，思想不集中，动辄进行自我剖析。

在搬迁到普利茅斯街那年，盖斯凯尔夫人给她的朋友伊丽莎·福克斯写了一封书信：

> 我们租到了一处住宅……假如我既无良心又不审慎，我应该很开心，因为这是一处很漂亮的住宅……但最亲爱的托蒂，你务必来看一看我们住在里面的情况，让我明白我的罪过是什么，也好让我心里觉得在许多人

生活贫困的时候，我们在“住”这种纯属自私性质的事情上花费那么多的钱并没有错。

盖斯凯尔夫人的社会良心以及她对穷人的关心，使得她开始质疑租下这么大一座住宅的道德价值，质疑管理这么大一处房产是否切实可行。仅租金一年就得花费150英镑，相当于丈夫（身为一位论派牧师）年收入的一半。盖斯凯尔夫人写道：“我的天啊！一年150英镑！我敢说我们会破产的。我都开始询问新市区监狱使用的通风设备情况了。”

不过后来盖斯凯尔夫人作为小说家屡获成功，使得上述困境得以解除。晚年她写作夏洛蒂·勃朗特传记与连载长篇小说《妻子与女儿》(*Wives and Daughters*，1865)，收入颇丰。

普利茅斯街位于阿德维克（Ardwick）郊区，距曼彻斯特市中心数英里。盖斯凯尔故居共有七个卧室，是一座二级建筑，始建于19世纪30年代末期。这座住宅采用意大利式两面临街建筑形式，是曼彻斯特市现存为数不多的具有摄政时期建筑风格的郊区住宅之一。盖斯凯尔夫人在曼彻斯特市的另两处故居已被拆除。

普利茅斯街的住宅非常宽敞，盖斯凯尔夫人有足够的空间接待朋友，开展社交活动。她正是在这座住宅里写出了最有名的两部长篇小说《克兰福德》(*Cranford*，1853）和《南方与北方》(*North and South*，1855）。在外面的花园里，她又非常精心地描绘着生活画卷，种植各种植物，饲养一些家禽家畜。猪圈盖了起来。不久在这位小说家住宅的庭院里又出现了一只奶牛，一些母鸡和漂亮的小白鸭。

位于普利茅斯街上的意大利式拉毛粉饰的住宅，前面修有一个特色鲜明的门廊。伊丽莎白·盖斯凯尔放在前厅的那张桌子摆放得恰到好处，使她可以坐下来看到花园、孩子、用人和前门。

夏洛蒂·勃朗特在1851和1854年间多次拜访普利茅斯街上的盖斯凯尔夫人住宅。她将其描述为“一座气势雄伟，令人舒心，通风又好的住宅，与烟雾缭绕的曼彻斯特截然不同”。勃朗特所说的烟雾指的是曼彻斯特市新建工业区（具体在安考兹一带）纺织厂和纺纱厂冒出的烟雾。19世纪中期，曼彻斯特市共有100多家工厂。

夏洛蒂·勃朗特生性腼腆，平时离群索居。据说有一次她来盖斯凯尔夫人家躲在了客厅窗帘后面，回避接触其他客人。1852 年 9 月狄更斯来到曼彻斯特市，要在该市中心图书馆开馆之日发表演讲。上午 10 点他出乎众人意料前来登门拜访。盖斯凯尔夫人认为这个时间来“实在太早了”。

曾经来到盖斯凯尔夫人住所做客的其他著名人物还包括约翰·罗斯金（John Ruskin），美国作家查尔斯·艾略特·诺顿（Charles Eliot Norton）和指挥家查尔斯·哈雷（Charles Hallè，他教过盖斯凯尔夫人的女儿米塔弹钢琴）。威廉·盖斯凯尔的传记作者芭芭拉·布里尔（Barbara Brill）说，这一家人非常忙碌，“普利茅斯街就好像一直忙个不停的蜂窝”。

盖斯凯尔夫人的丈夫比她多活了近 20 年。他去世后，两个未婚女儿茱莉亚和米塔继续居住在普利茅斯街的住宅里，一直到她们分别于 1908 年和 1913 年去世。米塔的去世标志着盖斯凯尔一家人在普利茅斯街连续居住 60 年的历史画上了句号。

米塔去世后，普利茅斯街盖斯凯尔夫人故居似乎前景未卜。越来越多的人要求将故居作为博物馆对外开放，以纪念伊丽莎白·盖斯凯尔和她取得的文学成就。《曼彻斯特卫报》（*Manchester Guardian*）对此表示支持。但是地方当局反对这一计划，理由是“那座住宅修筑于建筑史上最丑陋的时期，除了同盖斯凯尔一家有关以外没有任何价值”。

过了许多年以后，曼彻斯特大学于 1969 年获得这座住宅，经过改造供国际学会使用。2004 年曼彻斯特历史建筑托管机构获得了这处不动产所有权。当时作为二级建筑的这座住宅严重失修，已被列入英国文化建筑遗产濒危名单。托管机构首先对屋顶进行了修复；后来在 2014 年又筹集到足够资金，完成了对整个建筑的修复工程。

如今普利茅斯街盖斯凯尔夫人故居及其花园经过改造，充分反映出盖斯凯尔一家原有住宅的风貌。保留下来的物品中包括盖斯凯尔夫人当年用过的新娘面纱和护照。后来又补充了一些正宗的 19 世纪家具，使参观者们能够充分了解 19 世纪一位作品极受欢迎、备受崇拜的小说家的日常生活及其珍爱的住宅。

伊丽莎白 · 盖斯凯尔 1810—1865

伊丽莎白 · 盖斯凯尔的父亲是基督教牧师。母亲在她还是婴儿时就已经去世了。后来她被寄养在柴郡（Cheshire）纳茨福德（Knutsford）小镇上的姨母家中，在那里度过了少年成长时期。她创作的长篇小说《克兰福德》便取材于她那个“亲爱的寄养小镇”。作品中鲜明地体现出她对于纳茨福德小镇及其居民的深厚感情。多年来《克兰福德》对于乡村小镇上妇女生活的详细描绘一直受到女性主义批评家的密切关注。盖斯凯尔夫人创作的第一部长篇小说《玛丽 · 巴顿》（1848）给狄更斯留下了深刻印象，盖斯凯尔夫人的许多作品都发表在他创办的《家常话》（*Household Words*）杂志上。《露丝》（*Ruth*，1853）是一部有争议的作品，其内容主要涉及未婚生育的社会耻辱这样一个题材。她的人道主义精神极大地影响了后来被称为英格兰社会小说的文学作品的发展方向。她一共生育了六个孩子，后因心脏病突发去世，终年55岁。

就像蜗牛同其外壳一样彼此相配

勃朗特三姐妹 | Charlotte Brontë

一堆乌云低垂在头顶上空，使一排排用砂岩修建的房屋以及周围奔宁山脉凄凉的沼泽地变得黑暗下来。秋季和冬季潮湿有雾的早晨，也许是拜访西约克郡勃朗特三姐妹故居的最佳时机。周围环境的氛围和情景最能体现出这三位杰出姐妹作家的精神气质。如今她们仍然受到世界各地读者的爱戴。她们居住的牧师住宅一到夏季便呈现出热闹繁忙的景象。经常有游客在这座具有乔治王朝时代建筑风格的住宅里进进出出；更有游客在茶室、礼品店林立的霍沃斯村（Haworth）街道上游览，有时这会冲淡此地特有的神秘气氛。

勃朗特三姐妹在父亲帕特里克·勃朗特（Patrick Brontë）被任命为教区教堂牧师后，于 1820 年来到霍沃斯村居住。19 世纪初这个村庄是个与现在截然不同的地方。当时这里是偏僻的生产社区，人们生活贫困艰难，一直在挣扎度日。村里没有完善的卫生设施。许多村民居住在狭小拥挤的石头房屋里，生活条件极为简陋。虽然村庄里开设有纺纱厂和纺织厂，但是大多数村民仍然在自己家里做工。

“霍沃斯代表着勃朗特姐妹，勃朗特姐妹也代表着霍沃斯，”20世纪初期弗吉尼亚·伍尔芙在参观完那座教区长住宅之后这样写道，“他们（勃朗特姐妹与霍沃斯）就像蜗牛同其外壳一样彼此相配。”

全家人搬到霍沃斯村不到一年，帕特里克·勃朗特的妻子玛丽亚患癌症去世。四年后，他又失去了两个年龄大一些的女儿玛丽亚和伊丽莎白。对于家里其余的孩子夏洛蒂、布兰韦尔、艾米莉和安妮来说，牧师住宅就是可爱的家。尤其对于勃朗特姐妹来说，周围令人激动不已的那片沼泽地给她们的丰富想象力提供了极多灵感。

夏洛蒂在一封标注日期为1841年5月9日的书信中写道：“我的家陈设简陋，对于陌生人没有任何吸引力。但是对我来说，家里却有着在世界上任何其他地方都找不到的兄弟姐妹之间深沉而强烈的亲情。因为我们心心相印，精神相通。”

如今游客们能够看到的第一个房间就是餐厅。从这里参观故居最合适。这个房间也是平常家庭成员聚会的客厅。三姐妹在这里修改充实她们各自创作的长篇小说，不停地围着餐桌绕圈，彼此朗读各自作品中的段落。她们在这间餐厅里写出了各自创作的大部分文学作品。《简·爱》《呼啸山庄》和《爱格尼斯·格雷》（*Agnes Grey*）都是在这里写成的。

还是在这个房间里，就在那张马鬃沙发上，艾米莉因患有肺结核过早去世，终年 30 岁，距圣诞节只有 16 天。她是勃朗特一家女儿中年龄第二小的一位，拒不承认自己身体欠佳。夏洛蒂也是在这个房间里接待了后来成为她的传记作者的女作家伊丽莎白·盖斯凯尔。到了 19 世纪 50 年代初，夏洛蒂成为姐妹中唯一在世者。她在孤独的生活中仍然保持着姐妹们当年围餐桌转圈行走的生活习惯。家里的用人回忆说，常能听到“勃朗特小姐绕着桌子独自一人走个不停”。

大厅对面是父亲帕特里克·勃朗特的书房。这位有消化不良症状的助理牧师单独在书房里用餐，写作他的布道文。从书房窗前，他可以看到自己在星期日讲道的教堂。他是一个诚实体面的人，为村庄社区做了许多善事：建立了一所主日学校，努力提高教民健康水平，为许多不识字或受教育程度低的教民代写书信和推荐信。

厨房现在也对游客开放。里面的家具和瓷器全都属于勃朗特一家。艾米莉经常在这里一边翻动肉馅布丁、做面包，一边读书作诗。在冬季寒冷的夜晚，家里的孩子们经常在这里聚集起来听忠实的用人讲一些往事。

勃朗特姐妹在家里承担了许多家务。她们的弟弟布兰韦尔去世后，艾米莉当上了女管家。她自己承担的家庭责任常常能激发起她的想象力，使她文思流畅，下笔如神。

夏洛蒂（左边）、艾米莉与安妮铜像，由当地艺术家乔斯林·霍纳受勃朗特学会委托创作于1951年。

夏洛蒂把一个燃料仓库改造成了书房，供后来的丈夫亚瑟·贝尔·尼科尔斯（Arthur Bell Nicholls）使用。她在餐厅里又增修了一个壁炉，新安了一扇窗户和一扇门。在墙壁上可以看到取自霍沃斯村从前教堂里的座位包厢门。那座教堂于1879年拆除。尼科尔斯是帕特里克·勃朗特的助理牧师。

教区里的许多事情都是在这个房间里办理的。据说夏洛蒂曾钟情于她那位出版商乔治·史密斯（George Smith），但后者却于1854年娶了伦敦一位酒商既漂亮又擅长社交的女儿伊丽莎白·布莱克维（Elizabeth Blakeway）为妻。失望之际，夏洛蒂嫁给了尼科尔斯。不过婚后夏洛蒂和尼科尔斯极为幸福，只是他们的幸福结合没有持续很久：夏洛蒂不幸死于分娩，终年38岁。夏洛蒂去世后，尼科尔斯继续居住在牧师住宅里，照料着老勃朗特。尼科尔斯于1906年去世，终年88岁，比他的妻子多活了半个世纪。

夏洛蒂的房间是家里的主卧。这位小说家在此去世时，她的丈夫正在床前为她祈祷。令人感伤的是，至今在这个房间里还能看到她的一些个人物品和衣物，包括连衣裙和鞋。夏洛蒂的母亲也在这个房间里去世。据说在艾米莉的晚年这里成了她的卧室。

与夏洛蒂房间相邻的是孩子们的书房。勃朗特家的女孩们当年曾在这里读书学习，玩一些古老的游戏。孩子们就是在这个房间里沉醉于自己那个异想天开，充满幻想的奇怪世界中。这些长时间的创造性心智活动，包括读书写字，在以后的生活中极为有益。

勃朗特三姐妹的文学天才及其作品的独创性在生前便已得到承认和赞赏。这三位女性全都超凡脱俗，却创作出充满激情、惊心动魄的文学作品，大受好评。在英年早逝许多年后，她们仍然不断吸引、启迪着一代又一代的热心读者。勃朗特姐妹故居每年接待8万名游客，其中包括许多日本的热心读者。

徒步走完漫长而孤独的旅程来到托普维因斯山庄的荒凉废墟，可以看到优美的风景，也能感受到沉郁氛围，绝对会不虚此行。《呼啸山庄》中描写的荒无人烟的沼泽地环境同托普维因斯山庄废墟的周边环境彼此相符。

勃朗特三姐妹故居正前面的教堂墓地是她们在霍沃斯村生活过的见证。一排排被风雨侵蚀、正在朽烂的墓碑（许多已经被生长的树木撑裂），杂乱地向围墙那边延伸而去。这是典型的维多利亚时期教堂墓地，神秘怪异，阴森凄凉，使人不禁想起出自勃朗特姐妹手笔的长篇小说。勃朗特一家人的遗骸安葬在教堂下面的家庭墓地里。只有安妮安葬在她生命结束的地方——北约克郡沿海地区的斯卡布罗市。

在霍沃斯前方西南边坐落着托普维因斯山庄废墟，据说那里就是艾米莉·勃朗特创作的那部讲述爱而无果、激情难平的动人故事的长篇小说——《呼啸山庄》里恩肖家宅（Earnshaw）的建筑原型。艾米莉·勃朗特在书中第一章对呼啸山庄展开了如下描写：

> 这里一年四季空气明净，清新爽朗。只要看一看房子尽头那些稀疏干枯、极力倒向一边的低矮枞树，还有那朝一边伸着细枝、好像在向阳光求乞的荆棘，就不难想象从山那边刮过来的北风有多么强劲。幸亏建筑师有先见之明，把房子造得结结实实：狭窄的窗户深深地砌在墙壁里，房屋四角都有巨大突出的石块护卫着。

如今托普维因斯山庄废墟残迹寥寥。要想到那里寻觅参观，必须沿着英国最为偏僻的奔宁山路走上几英里。托普维因斯山庄废墟所在的那片地域生动展现出《呼啸山庄》所描绘的恩肖家宅的周围环境风貌。

19 世纪 70 年代初便已有人认为，托普维因斯山庄就是小说中的呼啸山庄。当时老史密斯出版公司决定推出插图版勃朗特三姐妹创作的长篇小说。人们普遍认为，勃朗特姐妹作品中描写的山庄宅第在现实生活中有其对应的建筑原型。出版社派人同艾米莉·勃朗特密友艾伦·纳西（Ellen Nussy）取得了联系，想要编写一份小说中的建筑原型清单，据此出版社可以请人绘制一些插图。纳西认为，托普维因斯山庄就是呼啸山庄的建筑原型。不过其中的原因尚不清楚。插图绘完后，托普维因斯山庄与书中描绘的农舍山庄没有多少相像之处。显然画家温伯里斯也这样认为。他根据托普维因斯山庄废墟画出了插图，并把房屋画得大一些，还加画了一层楼。艾米莉很有可能徒步考察过这片崎岖不平的沼泽地，并在创作《呼啸山庄》时想到了这片地方。

夏洛蒂·勃朗特 1816—1855

夏洛蒂和她的两个妹妹均出生在约克郡东南部的桑顿。19世纪40年代初，夏洛蒂在布鲁塞尔教书，当过家庭教师。后来她回到了约克郡，写出了她的文学杰作《简·爱》（1847）。两年后又写出了以卢德派毁坏机器的活动为历史背景的长篇小说《雪莉》（*Shirly*）。夏洛蒂去世时留下来一部尚未发表的长篇小说《爱玛》部分章节。1978年首次发表她创作的两个短篇小说《莉莉·哈特》（*Lily Hart*）与《秘密》（*The Secret*）。

艾米莉·勃朗特 1818—1848

艾米莉·勃朗特在哈利发克斯当过家庭教师，她创作的唯一一部长篇小说《呼啸山庄》发表于1847年，采用的笔名是埃利斯·贝尔（Ellis Bell）。艾米莉是姐妹中性格最内向孤独的一位。她同妹妹安妮一同创作了《贡达尔传奇》（*Gondal Saga*），直到生命结束之前，她几乎仍在创作这部作品。

安妮·勃朗特 1820—1849

同两位姐姐一样，安妮·勃朗特也当过家庭教师，但是后来因为她的弟弟迷上了女主人，她只好被迫放弃了家庭教师这份工作。她创作的两部长篇小说均发表在她的生命快要结束的时候。《爱格尼斯·格雷》（1845）以阿克顿·贝尔（Action Bell）这个假名发表；而《荒野庄园的房客》（*The Tenant of Wildfell Hall*，1848）则被广泛视为女权主义经典之作。《卡勒、埃利斯与阿克顿·贝尔诗选》（*The Poems of Currer，Ellis and Action Bell*，1846）中收录了她 20 首诗作。1849 年她因患肺结核去世。

离开崇山峻岭，奔向亭台楼阁

威廉·华兹华斯 | William Wordsworth

被列为一级建筑的华兹华斯故居（Wordsworth House）最可爱、最引人注目的一个特点是从故居后面流过的那条德文特（Derwent）河。18 世纪末期，这位文学大师就出生成长在这座故居里。它位于科克茅斯市（Cockermouth）中心，是一座乔治王朝时代建造的市内大宅。德文特河是居住在此处所能看到的一道令人赏心悦目的风景。另外还有一座花园。这位大诗人即从此地汲取了早期文学创作的灵感。

匆匆离开了崇山峻岭，那条美丽的大河啊，
一路又奔向科克茅斯的亭台楼阁，
紧贴着我们漫步的阶梯形步道，
又在我父亲的房后悄悄地流过。

华兹华斯的长诗《序曲》（*The Prelude*，1805—1856）上

述开篇几行诗句表述了他对德文特河的眷恋之情。这条河从科克茅斯市流过，在八英里外的沃金顿市（Workington）奔流入海，是“我们亲爱的嬉戏伙伴”。华兹华斯将其视为“天底下最美丽的河流”。

华兹华斯一家并不是这座住宅的主人。华兹华斯的父亲是詹姆斯·洛瑟（James Lowther）爵士的房地产经纪人。后者是位土地拥有者，在当地颇有影响，怀特里文镇及其海岸港口都是他父亲修建的。华兹华斯一家是他的佃户。

威廉·华兹华斯对于文学的热爱和痴迷是在父亲的藏书室里逐渐培养出来的。正是在这里，华兹华斯研读了莎士比亚、弥尔顿等诸位作家的作品。他和妹妹多萝西在花园里培养出了对大自然的欣赏与热爱。到今天，许多原有的景观特色依然如故，并且可以辨识出来：华兹华斯和妹妹小时候嬉戏玩耍过的高台，德文特青草依依的两岸，以及远处的绿色草坪。

故居室内摆满了乔治王朝时代的家具，主要是赫波怀特式家具和齐本德尔式家具。客厅和餐厅内陈列着斯塔福德郡和科尔波特出产的瓷器。二楼的客厅里摆放着几张洛可可式桌案，还有一些以湖区风景为题材的珍贵绘画作品。

华兹华斯在科克茅斯市居住的时间并不长。他八岁时母亲去世，五年后父亲去世。随后家里的孩子就由亲戚们照料。他们的住宅直到20世纪30年代仍然为私人所有。当时科克茅斯图书馆想要买下，但没能成交。倒是一家公共汽车公司买下了这座住宅，打算将其拆除后修建公共汽车站。这个计划由于遭到了科克茅斯市民们的强烈反对而告失败。1938 年这座华兹华斯故居赠送给国民托管组织，第二年 6 月对外开放。

多年来华兹华斯童年故居一直是人们探讨、争论的话题，引起公众广泛兴趣。佩夫斯纳在其著作《英格兰的建筑——坎伯兰郡与威斯特摩兰郡巡礼》（*The Buildings of England—Cumberland and Westmorland*）一书中将其形容为“普通市镇上的一座非比寻常的住宅”。在国民托管组织对这座房产进行大规模修缮六年后的 2009 年，华兹华斯故居又成为报上头条新闻，因为泛滥的洪水有可能毁掉室内的所有物品。大规模修缮的目的是为了尽可能准确地反映出 19 世纪中期家宅的原有风貌。万幸的是，志愿者们把那些珍贵文物搬到了较高楼层，使其免遭毁坏。

鸽庐

1799 年离圣诞节只剩下五天时，威廉 · 华兹华斯和他的妹妹多萝西搬进了鸽庐（Dove Cottage）。他们租居的这处新家是一座 17 世纪早期修建的质朴住宅，装饰着美丽耀眼的玫瑰花和茉莉花。鸽庐四周尽是湖区优美的自然风景。围墙用石头建成，屋顶上铺着当地出产的石板，完全符合朴实无华的乡村隐居休养之地的标准。六年前这里曾经是一座酒吧，名叫“鸽子与橄榄枝”酒吧。

华兹华斯在鸽庐度过了他一生中最为多产的岁月。一楼的房间紧贴山坡，里面黑暗阴沉。当时采用羊脂蜡烛改进光照条件。

在搬进年租金为 5 英镑的鸽庐之前，华兹华斯和妹妹长时间都各自生活。随着两人年近 30，他们非常渴望宁静舒适一些的生活。这样他们就可以享受“简朴生活，高尚思考”的人生境界。

华兹华斯在鸽庐楼上那间客厅里创作出了一些深受读者喜爱的诗歌佳作，包括《决心与自立》（*Resolution and Independence*）、《水仙花》（*Daffodils*）等作品。他的妹妹写道，“他在那个全家人和所有客人共同使用的房间里辛勤笔耕”。作为一名诗人，华兹华斯在鸽庐居住期间是他诗歌创作的高产期。他在潜心写作时，妹妹多萝西负责看管房屋，侍弄花园，不断更新日记内容（1800 年至 1803 年间，她一直在写日记）。

楼上的客厅要比一楼亮堂许多，显然是读书、写作的好地方。

多萝西的日记是极有价值的文献资料，在日记中多萝西详细记录了在鸽庐的日常生活。多萝西的日记也是华兹华斯诗歌创作的灵感源泉。他在诗歌《格拉斯米尔的家园》（*Home at Grasmere*）中回忆起在这处乡村隐居之地度过的快乐时光，以及与多萝西在一起时溢于言表的喜悦之情。

鸽庐快乐和睦的生活氛围一直持续了好几年。直到有一天，华兹华斯同玛丽·哈钦森（Mary Hutchinson）结婚，带着他的新娘同他们一起生活在格拉斯米尔村，家里的生活从此完全变了样。随着他们的三个孩子约翰、朵拉和托马斯的出生（三个孩子在四年里全部出生在楼下的卧室里），鸽庐里的舒心生活也从此宣告结束。

毫不奇怪，这三个孩子对鸽庐里的生活氛围产生了破坏性影响。此外还有其他一些混乱干扰因素。塞缪尔·泰勒·柯勒律治（Samuel Taylor Coleridge）是鸽庐的一位常客，无论白天晚上随时都可能不请自来，有时带着孩子一起来。当年华兹华斯同他在湖区徒步旅行时首次见到了鸽庐。另一位客人瓦尔特·司各特爵士对于招待他的一碗又一碗稀饭实在是感到厌烦了，曾经甚至自己从卧室窗户跳出去，来到村庄小酒馆找点可口的饭菜。

鸽庐里的厨房兼客厅，被华兹华斯和他的妹妹多萝西称为“大起居室”。这可能是鸽庐里最忙碌的房间，家里人既在这里用餐，又在这里处理日常杂务。

华兹华斯同玛丽结婚后，玛丽的未婚妹妹萨拉也来到鸽庐居住。（华兹华斯多次登门做客时关注到了萨拉，并爱上了她。这位诗人婚姻生活不幸福，决心离开自己的妻子同萨拉结婚。）多萝西在1806年写道，“我们全都挤在那个小窝里，很不方便”。这时鸽庐的情况肯定和早些年里大有不同，那时只有她和哥哥住在鸽庐里，日子一直过得非常平静。

1808 年，在华兹华斯和妹妹多萝西搬到格拉斯米尔村 10 年后，鸽庐日益显得太过狭小，空间不够用了。于是全家人搬进了村里较大的住宅。鸽庐租给了诗人托马斯·德昆西（Thomas De Quincy）；此前他一直是鸽庐的常客。

1890 年鸽庐归华兹华斯遗产托管机构所有，第二年对游客开放。华兹华斯将格拉斯米尔形容为“人类发现的最可爱的地方”。

莱德尔山宅

在华兹华斯搬离鸽庐以后的那几年里，他和妻子玛丽遭遇了不幸。1812 年他们在格拉斯米尔村的教区长旧宅里居住期间失去了两个幼子。教区长旧宅距安葬他们那两个婴孩的教堂很近，使他们不断地想起自己的家庭悲剧。于是他们决意搬到别处去，离教堂远一些。他们接下来的新住所是位于安布赛尔德（Ambleside）小镇上的莱德尔山宅（Rydal Mount）。华兹华斯在这里度过了余生。

1813 年华兹华斯和妻子玛丽同其余的三个孩子，他的妹妹多萝西以及玛丽的妹妹萨拉一起搬到了新居。在搬到新居之前，华兹华斯这位诗人已经陷入经济困境。另外由于个人及职业上的妒忌缘故，他和老朋友塞缪尔·泰勒·柯勒律治之间充满了敌意。搬到莱德尔山宅后这种情况有所缓解。

同一年华兹华斯被任命为威斯特摩兰郡税务官以后，个人收入明显增加，他和家人也能够生活得更加舒适一些。多萝西也鼓励哥哥精神振奋起来，告诉他说在她看来莱德尔山宅是“世界上适合孩子们居住的最美丽的地方”。对于观察不仔细的人来说确实如此。

然而名头响亮的莱德尔山宅实际上一开始只是一座16世纪农夫居住的质朴农舍。在后来的岁月里几经扩建装修，终于成为一座面积可观的家庭别墅。莱德尔山宅拥有一个占地四英亩、坡度很陡的花园，还拥有莱德尔湖（Rydal Water）优美的自然环境，着实让人赞叹。因此居住在这里的华兹华斯，这位大诗人、国家公务员和村间绅士，有一天必将荣获最高奖赏——桂冠诗人头衔。

那一天直到1843年才姗姗来迟，此时华兹华斯的生命就要走向终点。在被封为桂冠诗人之前，华兹华斯已创作出大量诗作。他在莱德尔山宅接待了许多有名的客人，包括史文朋（Swinburne，那时还只是个孩子）、马修·阿诺德（Matthew Arnold）与纳撒尼尔·霍桑（Nathaniel Hawthorne）等人。

华兹华斯在莱德尔山宅的用人特别强调说，华兹华斯有在户外作诗，背记之后再回到家里的习惯。这位用人说，“藏书室是他存放书的地方；他的书房在户外”。这种带有些浪漫色彩的说法并不正确，因为华兹华斯自己的书房就在莱德尔山宅的顶层。这位大诗人也许就在那里一连几个小时，甚至几天时间辛勤写作。从他的书房看到的景象——丘陵与湖泊的壮丽风光，使人想起他从中汲取真正灵感的户外大千世界的自然美景。

莱德尔山宅的主卧室俯瞰着不远处属于朵拉的那块土地。那是华兹华斯原以为莱德尔山宅的租期不会再延长时买下的土地。他打算在那块土地上修建住宅。他的担心纯属多余，因为山宅租期又延长了。于是他把那块田赠送给自己的女儿朵拉。遗憾的是，后来朵拉因患肺结核比她的父亲早三年去世。如今，每当春天来临的时候，那片地里便盛开着一片繁茂鲜艳的黄色水仙花。

威廉·华兹华斯 1770—1850

华兹华斯很小就成为孤儿，年轻时思想激进，是大自然最为热情奔放的爱好者。他曾就读于湖区霍克斯黑德（Hawkshead）文法学校，后来又在剑桥大学求学（1787—1791）。他曾徒步在法国和瑞士旅行；后来同安妮特·瓦隆（Annette Vallon）相爱，与她生下一个女儿。在法国时华兹华斯成为忠诚的共和党人。他与妹妹多萝西，以及他们的朋友塞缪尔·泰勒·柯勒律治最终在萨默塞特郡定居下来。在那里华兹华斯与柯勒律治合作写出了《抒情歌谣集》（*Lyrical Ballads*，1798），其中收入了他的诗作名篇《丁登寺》（*Tintern*）。他后期创作的作品包括颂歌《不朽颂》（*Intimations of Immortality*，1807）（写于他和妹妹搬到格拉斯米尔村之后），进一步巩固了他作为当时最伟大诗人的声誉。他的自传体长诗《序曲》，在他去世后于1850年发表。

多萝西·华兹华斯　1771—1855

与哥哥一样，多萝西很早就成了孤儿。她 12 岁时父亲去世，随后在西约克郡同姨妈伊丽莎白·思雷尔克德（Elizabeth Threlkeld）生活在一起。多萝西是威廉·华兹华斯唯一的妹妹，一直陪伴着他，同他一起在曼岛（Isle of Man）[①]、苏格兰与欧洲旅游。她对于周围自然环境的热爱与虔诚体现在详细的文字表述之中。她的作品主要是书信、诗歌、日记以及各种短篇小说。1829 年她 58 岁时精神崩溃，从此再也没有完全恢复过来。她终身未嫁。

①位于英格兰与苏格兰之间。

苏格兰

安格斯郡

彼得·潘的永无乡

J.M. 巴利 | J.M.Barrie

詹姆斯·马修·巴利（James Matthew Barrie）创造的神奇梦幻世界是许多人儿童时期的一笔财富。那是一幅描绘着年少天真和永恒冒险活动的美好怀旧画卷。我们一直将它珍藏在自己的记忆深处，就这样走过不同的人生阶段。

巴利的不朽杰作《彼得·潘》（*Peter Pan*）多年来不知给多少代人带来了快乐。如今持续拥有众多新读者，新观众。其演绎阐释方式也不断花样翻新，有戏剧、电影、图书，甚至哑剧等各种形式，使少年儿童与成年人为之入迷倾倒。在某些意义上，我们无法摆脱它的魅力；而且，我们也不想摆脱它的魅力。

巴利的文学创作灵感最初来源于安格斯郡一个僻静的地区，距苏格兰东北部海岸不远。巴利的出生地吉里穆尔（Kirriemuir）小镇在《阳光灿烂的古老乐土》（*Auld Licht Idylls*）、《纱窗》（*A Window in Thrums*，1890）和《小牧师》

（*The Little Minister*，1891）中变成了瑟拉姆斯村（Thrums）。Thrums 是纺织工业上的一个专业术语，意思是“线头，纱头”。附近是吉里穆尔山，巴利小时候在那里嬉戏玩耍过。后来他从那里汲取灵感，塑造出了永远长不大的男孩彼得·潘这个经典人物。

布里金路（Brechin Road）9 号是这位著名作家的出生地。这是一座粉刷成白色的简朴农舍，体现出巴利卑微的工人阶级出身背景。他的父亲是位操作手动织机的纺织工人。那时年龄尚小的巴利在家里十个孩子中排行第九。巴利全家信奉加尔文宗，在位于格兰屏山（Grampians）脚下紧密团结的社区里过着单调平静的生活。

但是巴利 6 岁那年，单调平静的生活方式突然被残酷地打乱了。哥哥戴维在 14 岁生日前滑冰时出现意外，不幸身亡。母亲悲痛欲绝，幻想着她亲爱的儿子永远长不大，借此得到一些精神安慰。从此戴维就成为那位永远也长不大的男孩，成为不朽人物。

年幼的巴利通过模仿哥哥想方设法去安慰母亲。他开始穿上哥哥的衣服，像哥哥那样愉快地吹着口哨，就连平时的行为举止也模仿他的哥哥。巴利在为母亲写的传记《玛格丽特·奥格尔维传》（*Margaret Ogilvy*）中，描述了哥哥戴维的棺木安放在厨房餐桌上那一幕令人感伤的情景。

巴利在布里金路度过的儿时早期在后来一直没有被淡忘。这个非常关键的成长时期对他的想象力产生了极大的影响。

根据他为长篇小说《彼得 · 潘》写的献辞可知，当时社区共用的洗衣房就是小说中那些失落的男孩儿们在梦幻岛上为温迪修建的小屋原型。

J. M. 巴利 8 岁时离开吉里穆尔小镇，前往格拉斯哥（Glasgow）求学。家里有一位年长的亲属在那里教书。大学毕业后巴利回到布里金路的家里。他根据母亲的回忆以及有关吉里穆尔小镇的传说，写了一篇文章寄给了伦敦的《圣詹姆斯报》（*St. James's Gazette*）。编辑同意发表，并要求他以此为题再写一些文章。这些文章为巴利创作瑟拉姆斯系列作品打下了基础。

巴利偶尔回到吉里穆尔小镇。1930 年有一次返回故乡时，受到 1 万名同乡的热烈欢迎。这种殊遇令他终生难忘。

巴利去世时，《泰晤士报》上刊登的讣告中写道："他发现可以通过描写家乡父老，即吉里穆尔的乡民，来创作出自己的文学作品。他将那里称为瑟拉姆斯，并使它名扬天下。"

J. M. 巴利 1860—1937

19 世纪 80 年代在伦敦安顿下来之后，巴利便采用加文 · 奥格尔维（Gavin Ogilvy）这个假名经常为《圣詹姆斯报》和《英国周刊》（*British Weekly*）撰稿。1902 年发表社会讽刺喜剧作品《可敬佩的克莱顿》（*The Admirable Crichton*），获得好评。同一年他塑造的最知名人物彼得 · 潘在长篇小说《小白鸟》（*The Little White Bird*）中初次亮相。两年后，巴利让彼得·潘这个人物再度出场，使他成为同名作品中的主人公，进一步巩固了他的作家声誉。巴利起初将《彼得·潘》写成了一部剧作，后来又写成了一部同名长篇小说。在伦敦生活期间，巴利去肯辛顿花园散步时经常遇到卢埃林·戴维斯（Llewellyn Davies）家里的孩子们，同他们成了好朋友。他们的父母去世后，巴利被指定为他们的监护人。正是这些孩子为巴利提供了创作灵感，使他在《彼得·潘》中塑造出失落的男孩和温迪·达林（Wendy Darling）的兄弟们这些儿童文学经典人物。后期创作的剧本包括《亲爱的布鲁特斯》（*Dear Brutus*，1917）和《玛丽·罗斯》（*Mary Rose*，1920）。

大奥蒙德街儿童医院与巴利密切相关，因为他将《彼得·潘》的版税全部捐给了这家医院。1922 年巴利受封为从男爵；1930 年被任命为爱丁堡大学荣誉校长。1894 年巴利同女演员玛丽·安赛尔（Mary Ansell）结婚。1909 年离婚。

埃尔郡

重新定义欢庆日

罗伯特·彭斯 | Robert Burns

罗伯特·彭斯为苏格兰和全世界奉献出了有史以来最为经久不衰，回味深长的告别歌曲。1759 年彭斯出生在南埃尔郡的阿洛韦村（Alloway）。虽然大多数人看不懂《友谊地久天长》（*Auld Lang Syne*）这首歌的原文歌词，彭斯的崇拜者们——尤其在彭斯的故乡，在辞旧迎新、痛饮微醉之刻，仍能回忆起 1788 年写下那些著名歌词的诗人彭斯的一些往事。《友谊地久天长》后来被谱成了传统民歌乐曲，广为传唱。由于这个原因以及许多其他诗作的影响，彭斯最终成为苏格兰备受爱戴的民族诗人。

彭斯是家里七个孩子中的长子。如今他出生的那座茅舍被公认为苏格兰最伟大的文学圣地。然而彭斯故居绝非是一座宏伟建筑。这座粉刷成白色的小屋是彭斯的父亲威廉于 1757 年 1 月 25 日用茅草和黏土修建的。两年后的同一天，他那位大名鼎鼎的儿子降生了。这个日子后来成为苏格兰传统节日的庆祝日期，如今在世界各地也是彭斯之夜的欢庆日期。

彭斯出生时，家庭姓氏实际上是伯恩斯（Burnes）。他的父亲信奉加尔文宗，是位金卡丁郡（Kincardineshire）的贫穷农民，经营蔬菜栽培亏了本。他们居住的茅舍（也叫“老泥屋”，auld cley biggin），只有一个大房间，是全家人做奶酪、做饭吃饭、读书纺线、就寝的地方。孩子们使用一个伸缩小床，后来又在父母的睡床上方搭了一个吊铺。饲养的牲畜关在茅屋隔壁的圈里。毫无疑问，牲畜身上散发的热气可使茅舍变得暖和一些。即使按当时的标准来看，这也是一种非常简陋的生活方式。

虽然埃尔郡乡村生活艰苦，年幼的彭斯还是学会了读书写字，甚至还去当地一所学校求学。父亲把《圣经》念给孩子们听，一定要让他们接受基础教育。他还存下足够的学费聘请约翰·默多克（John Murdoch）给彭斯当家庭教师，后来把彭斯送到附近的文法学校继续跟那位教师学习。

彭斯八岁时全家搬到了埃尔市（Ayr）附近的奥利芬特农庄（Mount Oliphant），父亲威廉·伯恩斯（William Burnes）成为那里的一位佃农。作为家里的男孩，在学业允许的情况下彭斯就帮助父亲在地里干农活，收割庄稼。他在出生地阿洛韦村茅舍里的早期生活即将成为记忆中的往事。那时形成的种种印象将在他的脑海中留下深刻的印记。彭斯用当地方言创作的诗歌描绘了当地许多著名的景点风物，赞颂了前工业时期的苏格兰原生态风貌。

彭斯童年早期居住的那座简朴茅舍后来经历了多次变故。有位房东看到了利用彭斯名望赚钱的商机，把诗人的出生地改成了酒吧。彭斯在这间茅舍里出生150多年后，令人意想不到的是这间茅舍成了暴力袭击的目标。1914年有几位妇女参政运动的成员想要放火烧毁彭斯的茅舍故居。

再往前推将近100年，在比较安宁的年代，诗人约翰·济慈曾经拜访过这座茅舍。他写道："我根本没有想到彭斯的故乡这样美丽——我原以为此处比较荒凉……这里除了有美景外，还有阿兰岛（Arran Isle）上的群山，苍郁巍峨，矗立在海上。"

在2009年进行的一次民意测验中，电视观众将罗伯特·彭斯评选为"有史以来最伟大的苏格兰人"。1999年苏格兰采用彭斯的诗歌《为了正大光明的贫穷》（*Is There for Honesty Poverty*）作为新议会开幕曲。阿洛韦村的彭斯茅舍故居是苏格兰最受欢迎的旅游目的地之一。目前彭斯故居已经开辟成一座新的博物馆，这位大诗人的珍贵手稿、书信以及其他一些文物均收藏在展馆当中。

罗伯特·彭斯 1759—1796

1784年父母去世后，罗伯特·彭斯继续在农庄种田。不过他在这方面的努力从未得到成功回报。两年后，他发表了一部诗集，却立即得到好评。1791年到他的叙事诗

《汤姆·奥桑特》(*Tam O'Shanter*) 发表时，彭斯已经创作出无数诗句和大量民歌，包括《一朵红红的玫瑰》(*A Red, Red Rose*)、《杜恩河岸》(*The Banks O'Doon*) 与《以詹姆斯二世党人之名》(*Ye Jacobites by Name*)。1788 年他与琼·阿莫（Jean Armour）结为夫妻。尽管如此，他一生中与许多女人有过绯闻。他相貌英俊，身形健美，这是他的明显优势。他因患风湿性心脏病去世，终年 37 岁。

边境地区

没有石楠花，不如死去

瓦尔特·司各特 | Sir Walter Scott

游客们普遍认为，苏格兰边境地区拥有英国充满野性、最为壮丽的自然景观。小说家、诗人瓦尔特·司各特爵士就深为那里人迹罕至的僻远壮丽景观所打动。他写道：

> 在我看来，这些灰色的山丘和充满野性的边境地带有其独特的自然美。我喜欢这片毫无遮掩的土地，它具有一种粗犷险峻、幽然独立的气韵。假如我不能在一年里至少看到一次开放在那里的石楠花，我就应该死去。

司各特花费大量时间致力于保护这一带饱受战争创伤的修道院的残存遗迹，从而维系着边境地区的古老精神与个性的延续。自童年时期起，他就熟悉这片高低不平的自然景观。他对这片土地始终不渝的爱恋之情鲜明地体现在他的作品当中。从他亲眼看到这片边境地区那一刻起，司各特就被其充满斗争流血的漫长历史，被这里的民谣民俗传统以及令人赞叹的平静与安宁氛围深深地吸引住了。这些丰富的遗产是他创作大部分历史小说的灵感来源。时至今日，司各特文学想象中的苏格兰仍然吸引着广大读者。

边境地区的偏僻遥远及其优美景色吸引瓦尔特·司各特来此定居，他以一种符合自己著名作家新地位的建筑风格重建了那座原有村舍。

1812 年，当司各特买下阿伯茨福德（Abbotsford）住宅时，其建筑格局与后来建造的豪宅完全不同。它与沼泽地区的农舍倒是相差无几，肮脏的池塘边还修有一个粮仓。司各特买下这个地方原本是为了拥有一处放松隐居的农舍。他写道：

我现在的打算是只要两间带有更衣室的卧室，里面不摆放任何家具；每个卧室里必要的话可放一张沙发床。但是我不能放弃边境地区的原则，要为所有的表兄弟和绅士们提供住宿。在大家都聚在一起时，这些人宁可睡在椅子上、地板上，睡在干草棚里，也不愿意走开。

1814年雇用的建筑师去世后，司各特修建隐居农舍的计划也被迫放弃了。然而这位作家却不甘服输，他一心要按着自己的想法修建一座住宅。他满脑子想的都是修建一座新住宅，两年后，便又聘请了一位名叫威廉·阿特金森（William Atkinson）的伦敦建筑师为他制订施工方案。1817年开始施工，连续干了两年时间。如果新宅建成应该相当不错。然而，司各特于1818年被授予从男爵勋位后，觉得应该拥有一座与其高贵身份相称的豪宅。于是又开始施工建房。不过这次采用的设计方案与以前相比要气派得多。

1820年司各特在寄给妻子的书信中写道：

我有一个扩建原有住宅的诱人计划，我想它可以使我们的住宅变得非常完善。我要为自己配备一个漂亮的藏书室，为你修建一个客厅，一间更好的卧室，一间供伙伴使用的像样卧室。为此我要努力苦干，挣够建房费用。

1823年阿伯茨福德新居落成。这次司各特建成了一座雄伟豪华的城堡：橡木雕花的屋顶，古色古香的阶形山墙，四合前院，胡椒瓶形的塔楼，城堡般的高楼。他实际上是重建了小说中的图里 - 维奥兰（Tully-Veolan）城堡。他在大获成功的威弗利系列小说（*Waverley novels*）中将这座城堡描述为拥有“突出的小望台，在每个寻常的角落里都可以看到一个小型瞭望塔，那外形好像是个胡椒粉盒，而不是哥特式瞭望塔”。

司各特在阿伯茨福德庄园里重新创造出属于自己的图里 - 维奥兰城堡。

落成后的阿伯茨福德新居富丽雄伟，反映出司各特受人尊敬的作家、诗人身份，令人羡慕。但是那些持有批评观点的人认为，这一大笔钱原本可以花在更有用的地方。这座带有塔楼、呈现出浪漫情调的豪宅坐落在梅尔罗斯（Melrose）附近的特威德河畔（River Tweed），佐证了司各特在作家生涯的鼎盛时期所取得的物质财富上的成就。然而到了最后，司各特精心建造的那座他曾梦寐以求、体现着他所取得的全部成就的豪华住宅，却成了一种沉重的经济负担。事后看来，他极不情愿承受这种负担。由于平时花销奢侈，他参股的出版公司遭遇破产，司各特最后陷入了外债高筑、苦苦挣扎的境地。

阿伯茨福德城堡气势恢宏的豪华藏书室。

司各特是詹姆斯巴兰坦（James Ballantyne）出版公司的合伙人和大股东。1826年这家公司卷入了另一家出版公司——康斯特布尔公司（Constable & Co.）的破产案中。司各特因此背上了11.4万英镑的巨额债务。但是由于他事先精明地将其心爱的豪宅置于儿子的名下，因此债主对此也束手无策。不过后来司各特付出了艰苦努力偿还那笔巨额，这无疑缩短了他的寿命。

1833 年，就在司各特去世一年后，阿伯茨福德司各特故居对公众开放。但是在 20 世纪大部分时间里，阿伯茨福德司各特故居以及司各特本人的作品在很大程度上受到冷遇。司各特的名气日益衰微，其文学作品也不再流行。随着岁月的流逝，司各特日益成为一位被遗忘的作家。

然而，2013 年夏季，在实施完一项耗资 1200 万英镑的大规模修缮计划（包括维修已经破败的砖石结构）以后，伊丽莎白女王宣布再次将阿伯茨福德司各特故居对公众开放。最新实施的修缮工程以及随后的高关注度，重新唤起了公众对于这座以苏格兰男爵室内陈设装饰及其著名居住者而名噪一时的雄伟豪宅的兴趣。

在阿伯茨福德司各特故居室内，无数珍宝古董竞相媲美。司各特在修建于 1824 年的书房里创作了后期发表的一些长篇小说，写成九卷本的《拿破仑传》（*Bonaparte*）。藏书室里收藏有 9000 本善本书和一缕邦尼查理王子的头发。同修建工程以及室内装修有关的大量传世文献资料内容丰富，引人入胜，在前不久启动的修缮工程中发挥了极其重要的作用。1831 年著名画家透纳在阿伯茨福德司各特故居逗留期间，大部分时间都在为这座城堡式豪宅画素描。画家威廉·阿兰（William Allan）绘制了一套素描，展示出司各特去世时豪宅内部主要房间的结构布局以及陈设装饰情况。1845 年，具有开拓精神的摄影师福克斯·塔尔博特（Fox Talbot）拜访阿伯茨福德司各特故居，为如此宏大规模的乡村豪宅拍下了第一张照片。

司各特在阿伯茨福德城堡里写出了《罗布·罗伊》《艾凡赫》和《威弗利》三部作品。

入住阿伯茨福德城堡的瓦尔特·司各特的最后一位后人是琼·麦克斯韦·司各特（Jean Maxwell Scott）女士，于2004年去世。在司各特买下阿伯茨福德住宅，并按着自己的心愿大兴土木进行扩建200年后，这座城堡随着其迷人历史翻开了新的篇章，仍旧不断经历着修缮与复活的双重洗礼。

1828年司各特在提及阿伯茨福德城堡时写道："这无疑是一座谜一样的城堡，我在其中得到了极大乐趣。它的建筑与装饰风格能使一个异想天开的人感到赏心悦目，而且它还有着宽敞住宅所具备的全部舒适特点。”

瓦尔特·司各特爵士 1771—1832

瓦尔特·司各特在家里12个孩子中排行第10，出生在爱丁堡，父亲是当地的一位律师。司各特童年时期患有小儿麻痹症，十分痛苦，右腿从此一直跛足。后来他被送到位于特威德河谷的祖父的农庄康复。就是在这个时期，他接触到了边境地区富有浪漫色彩的景色、独特的自然美以及古老的方言。

司各特曾就读于爱丁堡高中和爱丁堡大学，毕业后在父亲的律师事务所里做法律职员。1792年司各特取得律师资格，1799年任赛尔柯克县（Selkirk）副治安官。他深受意大利与法国中世纪浪漫诗歌的影响，非常关注边境地区丰富多彩的民间故事与歌谣，并将这样的作品收录在《苏格兰边区歌谣集》（*The Minstrelsy of the Scottish Border*，1802）当中。

然而他的文学强项是创作历史小说。他创作的四部威弗利系列长篇小说《威弗利》（*Waverley*，1814）、《古董家》（*The Antiquary*，1816）、《修墓老人》（*Old Mortality*，1816）以及《密得洛西恩监狱》（*The Heart of Midlothian*，1818）均成为文学杰作，确立了他作为苏格兰最有影响作家的声望。后来他又创作出许多作品。去世前他所取得的杰出成就包括创作、撰写，或由他编辑发表的历史、文学以及古旧书籍研究方面的多种作品与专著。

他同玛格丽特·卡朋特（Margaret Carpenter）[1]结婚后，育有五个孩子。司各特晚年受疾病困扰，在阿伯茨福德去世，安葬于附近德莱堡修道院（Dryburgh Abbey）的废墟中。

---

①起初的姓氏为查彭提尔（Charpentier）。

敦夫里斯郡与加洛纬地区

梦中的迷恋之地

托马斯·卡莱尔 | Thomas Carlyle

托马斯·卡莱尔具有很强的加尔文教徒气质，这一点可追溯到他在苏格兰西南部度过的成长时期。1795 年 12 月 4 日，他出生在埃克尔费亨的那座具有拱形结构的住宅里。五岁前卡莱尔一直在家里接受父母（詹姆斯和玛格丽特）的教育。他是家里九个孩子中的长子，跟母亲学习读书识字，跟父亲学习算术。他在童年早期居住的那座粉刷成白色的简朴住宅由父亲和伯父联手设计建造。他们两人都是当地技艺高超的石匠。拱架住宅于 1791 年建成，其名称源于那个用石楔固定的大型拱架结构，它将住宅一分为二，使住在里面的人能够方便地出入庭院和花园。托马斯·卡莱尔就出生在拱架结构上方右侧的房间里。

住宅内按照当时的风格配备了家具物品，反映出 18 世纪晚期的家庭生活风貌。在里面可以看到一组引人注目的肖像画，还有一些卡莱尔的个人物品及书信。自 1883 年起这座拱架式住宅便作为博物馆对公众开放以来，变化不大。同卡莱尔在切尔西切恩街的故居相比，这座拱架式住宅显得狭小简陋，只有三个房间。厨房里修有一个装饰着石刻托臂的壁炉。

托马斯·卡莱尔出生时，埃克尔费亨是苏格兰典型的亲密团结的长老会交友社区。那里的生活方式刻板单调，千篇一律。卡莱尔在当地一所小学开始接受学校教育，尤其在数学方面显露出极大潜质。他的老师们很快在课堂上发现了他的出众能力，然而学校里的一些霸道混混们对卡莱尔出众的学习能力却不买账。卡莱尔生性腼腆，沉默寡言。他后来在读书中找到了慰藉，认真读过笛福、菲尔丁、康格里夫和斯泰恩等人的作品。1806 年他去安南学院求学，母亲极力反对此事，但父亲执意让他去那里求学。5 月 30 日（圣灵降临节）早晨，父亲和卡莱尔一起步行六英里来到了录取他的安南学院。在那里求学时，卡莱尔的兴趣日益转向现代语言；后来他又自学了德语、西班牙语和意大利语。不过大约在这一时期，他的读书兴趣越发强烈，尤其是在他发现学校里有一个藏书丰富的图书馆以后。

14 岁那年，卡莱尔准备去爱丁堡上大学，攻读数学和古典学问。卡莱尔的人生之路到此已经注定会一帆风顺。但是他从未忘记自己的根，从未忘记自己的父母。他极为尊重、感激父母在他成长过程中所付出的心血，给予过他的宝贵鼓励。他曾经说自己的父亲是“属于苏格兰已经培养出的，或者能够培养出的最后一批真正的男子汉”。

在后来的人生中，卡莱尔是一位受人尊敬的道义与平等的捍卫者。他深深地眷恋着拥有纯朴礼仪、古老传统和严格宗教信条的苏格兰西南部故乡。无须别人多说，卡莱尔自会重返养育自己的故乡。每当需要添置新衣之时，他便从伦敦回到埃克尔费亨，去拜访一位家庭裁缝。他一再提出，要让这个安宁的小镇作为自己最后的安息之地。他的心愿得到了尊重。1881 年 2 月 5 日，托马斯·卡莱尔安葬在埃克尔费亨教堂墓地，长眠在父母身旁。过了近半个世纪以后，1929 年 9 月卡莱尔塑像在小镇中心落成揭幕。当时新成立不久的英国 BBC 广播公司对拥有无线电收音机的听众报道了这件事情。1936 年卡莱尔拱架式故居终归苏格兰国民托管组织。

威尔士

南威尔士

无论走到哪里，他永远眷恋这座小城

狄兰·托马斯 | Dylan Thomas

在短暂而又颇不平凡的一生中，狄兰·托马斯的心扉与想象力从未远离过他出生的城市，那片曾对他的才华与非凡语言天赋产生影响的神奇土地。他曾在伦敦的酒吧里畅饮作乐，也曾在美国举办诗歌朗诵会娱悦听众（那时他已经确定无疑地走上了自我毁灭之路）。但是，无论他在世界上走到哪里，他永远眷恋着斯旺西（Swansea），永远忘不了他在青少年成长岁月里生活过的那个“既丑陋又可爱的小城镇”。

托马斯常常回到威尔士的故乡；他在心里常常追念着在斯旺西城镇高地度过的田园诗般的童年时代。他曾在房屋对面的康顿金公园（Cwmdonkin Park）里嬉戏玩要，也曾坐在狭小的卧室里写诗，凝视着窗外邻居家那面结实质朴的墙壁。他已发表的许多作品都是在这个房间里构思成形的。拉法恩（Laugharne）小镇船屋故居负责人约翰·特雷根纳（John Tregenna）说：“整个地方都散发着他的气息，就像出现了

1000 个幽灵那样。”

我对这座位于康顿金大道上的住宅怀有特殊的感情。如今游客可以租用它用于自理膳食休息度假。承蒙各位主人厚爱，我曾经在这里留住了一个晚上，实际上就睡在托马斯的那间卧室里。当时我正在研究这位伟大诗人的生平和工作情况。很少有文学圣地能提供这样的体验机会。

儿时的狄兰·托马斯经常站在位于康顿金大道的父亲卧室窗前，目光越过城中密集的屋顶，眺望着斯旺西海港的船只。

托马斯出生在康顿金大道 5 号。他将其描述为“一个外省别墅……一座不大，粉刷得也不精心的住宅，没有大门……但是非常可爱，令人肃然起敬”。托马斯的家庭是中产阶级家庭。1914 年托马斯出生前不久，他的父母和姐姐南茜搬到了斯旺西小城体面的丘陵地区。那时他们一家居住的半独立式房屋还是崭新的，拥有四个房间。

托马斯的父亲是卡马森郡（Carmarthenshire）人，当年获得英国文学一等荣誉学位时原以为会成为一位大学讲师或教授。然而他的抱负没有实现，最后在斯旺西文法学校教起了书。他的儿子托马斯小时候就在那所学校读书。杰夫·哈登（Geoff Haden）也曾是那所学校的毕业生。他和他的妻子安妮于2008年买下了康顿金大道5号那座狄兰·托马斯故居，恢复了20世纪初期托马斯一家在此居住时的原貌。

参观故居中的书房可以具体了解狄兰·托马斯当年酷爱词语的实际情况。当托马斯还只是一个4岁小童时，他那位学问渊博却未能实现学术理想的父亲就开始教他识字，鼓励他阅读莎士比亚和古典文学作品。老托马斯甚至大声朗诵莎士比亚的作品，以培养幼小的儿子对语言文字的听觉感受能力。在二楼，托马斯这位小学童常常从后屋父母卧室的窗户向外张望，凝视着往来船只和那片斯旺西海湾。“漫长壮丽的蜿蜒海岸线”使他格外着迷。

在反映这位天才诗人早期生活状况的文物中，有一本上面标明1923年9月日期的《男孩必读》（*Boys Own*）杂志。这本杂志上刊登了一首题为《为他而作的安魂曲》（*His Requiem*）的诗歌，作者为莉莲·加德（Lillian Gard）。但后来这首诗却被当时只有12岁的托马斯剽窃了去，署上自己的姓名寄给了威尔士的一家向全国发行的报纸《西部邮报》（*Western Mail*）。当时托马斯立志要成为济慈那样优秀的诗人（即使不超过他）。那首诗发表后托马斯还得了稿酬。不过那只是一张邮政汇票，从未拿去兑现。后来汇票被镶上木框，悬挂在家中，骄傲地向人们展示着这位男孩初次投稿所取得的成功。近 50 年后真相才大白于天下。不过那时托马斯已去世多年。他后来的诗名也已载入史册。

托马斯在斯旺西长大。当时他喜欢去的地方就是康顿金公园，那里成为他和许多小伙伴们常去的童年乐园。公园里有树木、池塘和整齐的草坪，是个理想的游乐场。尤其对托马斯来说，那是一个激发想象力的神奇地方。“康顿金公园简直是那个海滨小城里的另一番天地，别有情趣。”他这样写道，“我们喜欢探索、‘侵略’、征服那里，不放过任何一个角落。”

1934 年狄兰·托马斯前往伦敦。

船屋

狄兰·托马斯也许在一生中大部分时间里都是一位艰苦谋生的诗人。但是，当他和妻子于 1949 年春季搬到斯旺西以西 40 英里处的拉法恩船屋以后，他找到了截然不同的另外一种财富。很少有作家能够幸运地居住在真正坐落在浩渺水边的房屋里。放眼望去，辽阔的河口水面景色秀丽，无与伦比。除了海鸟发出悲鸣，波浪轻轻拍打着岸边以外，再无其他声响扰乱这里压倒一切的宁静。塔夫河口（Taf）那一带优美的自然环境仍然保持着当年托马斯在那里居住、工作时的原有风貌，历经风吹雨打，但却值得庆幸地被世人忽略了。

位于拉法恩镇上的船屋是狄兰·托马斯在威尔士的一处完美隐居处所，他在那里度过了一生中最后几年的时光。

诗人托马斯爱上拉法恩小镇就是在他首次看到这座被他称为“威尔士最奇特的小镇”的那一刻。四年后他就在卡马森郡的这个小镇结婚、生活了，只不过后来才搬到船屋。“但愿我能够清晰地描述我所看到的景象”，他曾经对诗人前女友帕美拉·汉斯福德·约翰逊（Pamela Hansford Johnson）这样说道。他的话语生动地描绘出小镇及其遥远海滨环境的真实景象：“眼前但见片片淤泥和漫漫灰沙，不知延伸了多少英里……耳畔回响着海鸥和群鹭的卑怯鸣叫声。”

托马斯的老朋友兼赞助者玛格丽特·泰勒（Margaret Taylor，历史学家 A. J. P. 泰勒的妻子）为他找到了这处理想的隐居之地。她花费3000英镑租下了船屋；诗人托马斯和妻子一直把它视为自己梦寐以求的住所。泰勒甚至还在拉法恩中心区为托马斯的父母找到了一处租居的住宅。

在船屋上方的陡岸处坐落着一间小木屋，狄兰·托马斯不定时地在那里读书写作。他在附近的布朗酒店喝完酒后常常回到这间小木屋里，一连睡上好几个小时。

船屋起初是货船停泊的储煤场，20世纪初被伍斯特郡（Worcestershire）的一位医生买下，用作度假住所。然而当托马斯一家人搬进去时，那里的情况已大相径庭。船屋里的居住条件简陋，没有自来水，没有电。红色砂岩悬岸直接矗立在船屋上方。涨潮时潮水不停地拍打着较低的墙面，里里外外非常潮湿，并不是一个很吸引人的居住环境。但是住宅必须要能满足一个人口不断增加家庭的实际需要。托马斯当时已有两个孩子，第三个孩子不久也要出生。泰勒很快给船屋安装上了供电设施，凯特琳则忙着改造室内状况。但是生活还远未达到安逸的程度。托马斯的工作具有不稳定性。这意味着日常费用总是不宽裕，一家人过着仅能糊口的不稳定生活。

一段楼梯越过船屋屋顶，连接着通向拉法恩镇上的小路。这个小城以其具有浪漫色彩的城堡废墟和引人注目的诺曼教堂闻名遐迩。离阶梯顶端不远有一间小木屋，修建于1925年。这间简易的木屋俯瞰着令人惊叹的河口风光。托马斯平时在里面写作，处理公务。

小木屋是他的高山城堡，也是他的“悬崖水木阁”，是一处温馨可人之地。托马斯在墙壁上贴满了图画和一些他所喜爱的作家照片，包括艾迪斯·西特维尔的照片。木屋很少对游客开放。不过从窗户向里望去可以看到典型的作家书房特点：凌乱不堪，到处摆放着书籍，香烟盒和废弃的纸片随处可见。木屋里虽然凌乱不堪，但却激发了托马斯多首诗歌的创作灵感。他经常在这里观察当地鸟类的生活习性，潮汐的永恒循环涨落，观察变幻难测、时常动人心魄的河口天气状况。

托马斯在船屋的日常作息很有规律。每天早晨阅读，然后沿着通往拉法恩小镇的那条小路外出散步。他经常去镇上看望父母，同父亲一起破解《泰晤士报》上的纵横字谜。中午时分穿过马路到自己喜欢的布朗酒店喝上一两品脱啤酒，同当地人聊聊天。虽然托马斯的母亲一再对别人说她的儿子不喝酒，她一定要托马斯明白她了解儿子在布朗酒店的所作所为。“听着，别以为我在管闲事，亲爱的。你从布朗酒店台阶上摔下来的时候，我正巧向窗外张望，所以全都看到了”，她经常对托马斯这样说。

无论喝多了还是头脑清醒，托马斯都会在两点钟离开酒吧，回到那间木屋里。在冬季，他外出时，无烟煤炉会逐渐驱散他那间狭小工作室里的寒气。他经常在木屋里忙碌到傍晚时分，然后再去邻近的船屋。洗过热水澡后（洗澡时他常坐着吃糖、吃腌制的洋葱），他就与家人一起用餐。然而，一想到在熟悉友好的酒吧里喝一品脱啤酒，同别人交际往来时的情景，他便禁不住再次回到布朗酒店。

如今船屋归当地公司所有，租借给卡马森郡政府使用。狄兰·托马斯故居每年吸引来大批游客。其中一些游客在文学朝圣过程中特地来到布朗酒店，也许要为这位伟大诗人干上一杯，想象一下他出现在酒吧时光彩照人的形象。我在游览最后去了那里的教堂，看到有个简易的十字架标示着托马斯的坟墓。有位崇拜者献上的一束鲜花给现场增添了光彩，但是纸卡上写着的简洁题词却更加充分地道出了对狄兰·托马斯本人、对他的才华以及他所留下的非凡遗产所表示的敬意：“谢谢您的妙语良言，狄兰。”

狄兰·托马斯 1914—1953

托马斯在回忆起他就读的斯旺西第一学校时说，它“要求严格，亲切体贴，散发着橡胶套鞋的气味”。他从来算不上是模范生。他在斯旺西文法学校读书期间，也明显地表现出不服从管束的个性特点。在教室里他被视为大逆不道的学生，个性极强，我行我素，不遵守社会礼法。他对于上学读书根本没有兴趣。他最大的乐趣就是在周围的环境中到处转悠，观察那些人们早已司空见惯、平平常常的景物。事实证明，那里是一片沃土。

由于他的父亲在同一所学校教书，所以托马斯能够在学校里享有一定的自由。他不会因逃学、表现不好而受到惩罚。有一天他提前离开学校时被老师发现。老师想知道这位学生要去什么地方。“去我的诗歌家园。”托马斯回答道。“那好，别让人逮着。”老师接着说道。不过在托马斯当上校刊编辑后，他的名声有所好转。

1931 年托马斯从学校毕业（那年他 16 岁），随后开始在《南威尔士晚间邮报》（*South Wales Evening Post*）报社当新闻记者。由于他并不是位特别优秀、特别有才能的记者，所以后来又被解聘了。那时斯旺西无拘无束的文化氛围对托马斯有着极大的吸引力。两次世界大战期间，大部分时间他都在自己出生的那座小城里参与社交活动。

狄兰·托马斯具有狂放不羁、富有激情的天性，酷爱语言文字，故乡的气质个性也在他身上有所体现。他被视为威尔士悠久文化史上一位有着重要影响的人物。他的第一部诗集《诗十八首》（*18 Poems*）于 1934 年出版。同一年他前往伦敦。到了那里，他很快便受到当时盛行的格拉布街（Grub Street）新闻界嗜酒如命风气的影响，不能自拔。托马斯还是一位著名电台播音员，很受欢迎的艺人。他的气质个性以及他对词语的着迷程度，都表明他非常适合从事媒体工作。1937年他同曾为威尔士画家奥古斯都·约翰（Augustus John）当过模特的凯特琳·麦克纳马拉（Caitlin Macnamara）结为夫妻。

从1944年起，托马斯开始断断续续地创作一出短戏《有天清晨》（*Quite Early One Morning*）。这部作品专为广播而创作，内容描写一天清晨沿海滨散步时的情景，被认为激发了托马斯"为广播而写剧本"的灵感。实际上，那也是他的墓志铭。托马斯同广播剧有着非常密切的不解之缘。他在船屋居住期间创作的《牛奶树下》（*Under Milk Wood*，1954）也被改编为舞台剧上演；后来又拍成电影，由他的老朋友理查德·伯顿（Richard Burton）扮演旁白角色。

狄兰·托马斯，这位走起路来左右摇摆、永远热情洋溢、桀骜不驯的威尔士大男孩，在美国巡回演讲时因酗酒过度[①]暴毙身亡，终年39岁。如今他作为一名天才诗人被后世铭记。他对词语的热爱为他赢得了国际社会的尊敬和景仰。然而托马斯对自己的工作有时却抱着一种三心二意的相反态度。他曾经说过："诗歌并不是生活中最重要的事情……我倒宁愿躺在热气腾腾的浴室里，一边阅读阿加莎·克里斯蒂的作品，一边吮着糖果。"

①据说连喝18瓶威士忌酒。

北威尔士

你我相遇走过的石子小路

巴特勒与庞桑比 | Eleanor Charlotte Butler & Sarah Ponsonby

从讲究礼数的乔治王朝时代的社会大背景来看，下面要说的事情肯定是非比寻常的尴尬一幕。1778 年 3 月 30 日，两位爱尔兰贵族的未婚女士装扮成男人，携带着手枪，驱车穿行在茫茫夜色中。她们正匆匆奔赴爱尔兰东南沿海的沃特福德（Waterford）渡口，要搭乘渡船一起私奔。一位是年龄大一些的埃莉诺·巴特勒女士，另一位是萨拉·庞桑比女士。萨拉还抱着她的爱犬弗里斯里。那天夜晚渡船没有起航，最终她们的家人在港口外面赶上了她们。这两位闺密毫不气馁，再次制订了一起出逃的计划。不过这一次却得到了各自亲属们的允许。另外她们每年还能得到 280 英镑的津贴。

在忠诚女仆玛丽·卡利尔（Mary Carryll）的陪伴下，她们游览了北威尔士，并在旅程中来到了位于英格兰和爱尔兰之间的一个重要中途站——兰戈伦小镇（Llangollen）。两位女士于 1780 年在此定居，在登比郡（Denbighshire）的普拉斯-诺维兹（Plas Newydd）寓所安了家。当时她们的家还是一座租居的石屋，坐落在小镇外12英亩的正规花园中。随后她们一直居住在那里，并度过了将近50年的时光。最终她们的姓名与声誉同这一地区紧密联系在一起，两位闺密一同被称为“兰戈伦的贵妇人”。

巴特勒与庞桑比在那年初春夜晚逃离家门之时，彼此成为密友已有近10年的光景。她们在爱尔兰毗邻而居，亲密友爱，关系融洽。不过她们之间的年龄差距却使人感到有些吃惊：她们首次相遇时，庞桑比只是一名13岁的女生，而巴特勒已是一位年近30的女子。在普拉斯-诺维兹新家里，她们有着相同的兴趣爱好，包括写作、读书以及从事园艺活动。多年来她们对石屋进行过多次修缮改建，扩大原有面积，并着手进行装修，采用了配有彩色玻璃的哥特式窗户，非常引人注目。雕刻精美的橡木构件在设计方案中也占有很大比例。

虽然她们的关系密切，睡在同一张床上，彼此以“我的爱人”“我的更好的另一半”相称，但是尚无证据表明她们之间是女同性恋关系。诚然她们违反了当时社会习俗的禁忌，不过也可以将她们视为两个古怪的女人，一心要摆脱羁绊，反抗当时的社会礼法，按着自己的心愿过着“甜蜜幸福的隐居生活”。毫不奇怪，她们的所作所为在自己的社交圈和社会阶层中引起了公愤。两人成为伦敦和都柏林咖啡馆里的热点话题人物。最终促使她们在普拉斯-诺维兹新家定居下来的一系列事情带有很强的感情色彩，又被世人添油加醋地渲染描绘一番，仿佛她们是从历史小说中走出来的人物。

在当今更加开明的时代看来，她们在一起成家生活的决定实属平常。然而在18世纪末期，两个同居的女人会引来别人恐惧与怀疑的目光。于是各种谣言开始在当地及更广泛的地域里传播。即使到了晚年，还有人认为她们是间谍，是为女性争取选举权的女人，或者是装扮成女人的男人。

有人对她们似乎非常幸福的家居生活很有兴趣，甚至感到忌妒。还有一些人不可避免地对于她们两人暧昧关系的真正性质感到好奇。其实这一切对于巴特勒和庞桑比来说无关紧要。她们实现了自己的心愿，开心快乐地在一起生活。

她们在搬到威尔士几年后收到了夏洛特皇后写来的一封书信，表示希望更多地了解一下她们的石屋和花园。她非常喜欢这两位忠贞不渝的密友，并劝说她的丈夫乔治三世为她们发放养老金。巴特勒和庞桑比很快成为那个时代的名人，且朋友众多，其中包括惠灵顿公爵。威廉·华兹华斯和罗伯特·骚塞也成为她们的崇拜者，在普拉斯－诺维兹逗留期间曾作诗称颂她们。不过华兹华斯将她们的家宅形容为“低矮屋顶下的婴儿床”却令人不悦。瓦尔特·司各特爵士和苏格兰传记小说家约翰·洛克哈特（John Lockhart）来过普拉斯－诺维兹。拜伦和雪莱同样被这两位女士所取得的成就深深地感动。曾与拜伦爱得激情澎湃，同时又是庞桑比远亲的卡洛琳·兰姆女士也曾登门拜访。

巴特勒和庞桑比并不是发表作品的作家。因此，在家里接待像华兹华斯、骚塞和司各特那样的大作家无疑是一种值得珍惜的人生经历。当年她们的住宅里一定会回响着饶有兴味的谈话和口若悬河的表白陈说声。那会是怎样一种动人的情景啊！巴特勒有写日记的习惯。两人在一起研究文学，学习各种语言。但是她们从来不曾想到，她们在爱尔兰共同成长，在普拉斯－诺维兹新家共同生活的早些年间竟会结识英国的著名诗人和作家。不难想象，这些文学界名流本身也从“兰戈伦贵妇人”那里汲取了创作灵感。

但是普拉斯－诺维兹新家的生活并不是尽善尽美。巴特勒和庞桑比必须忍受别人的嫉妒，忍受经济困难以及那些有关她们私生活的讨厌的新闻报道。尽管存在着这些问题，她们仍然设法买下了这座住宅，这样就能够继续在威尔士的这处隐居之地生活下去。她们最后都在那里去世，安葬在兰戈伦教堂墓地里一座新哥特式墓碑下面。她们去世后，约翰·约克（John Yorke）将军买下了她们的住宅，并将住宅正面进行重新设计，采用黑白相间的砖木建筑结构。住宅里面有一个橡木房间，在壁炉架上方的壁饰上雕刻有巴特勒和庞桑比姓名的开头字母。1932 年兰戈伦市区议会收购了这座住宅，并保留了巴特勒和庞桑比当年采用的许多哥特式建筑特点。目前普拉斯－诺维兹仍然是一座博物馆，由登比郡议会负责管理。

埃莉诺·巴特勒 1739—1829

埃莉诺·巴特勒是爱尔兰吉尔肯尼庄园（Kilkenny Castle）的奥蒙德伯爵瓦尔特·巴特勒（Walter Butler）最小的女儿，出生在法国康布雷（Cambrai）。她是一位上流社会的天主教徒，曾在海外接受教育，回国后在吉尔肯尼庄园生活了12年。近600年间，吉尔肯尼庄园一直是很有影响的巴特勒家族在爱尔兰的主要家园。巴特勒在家里被认为没有女人味儿，惯于冷嘲热讽地品人论事，所以都认为她不可能结婚成家。

萨拉·庞桑比 1755—1831

萨拉·庞桑比从小就成了孤儿，父亲名叫尚布尔·布拉巴宗·庞桑比（Chamber Brabazon Ponsonby），是贝斯巴勒伯爵（Earl of Bessborough）的表兄弟。她曾经在吉尔肯尼读书。完成学业后便去附近的伍德斯托克（Woodstock）大宅里同远亲们生活在一起。据说萨拉·庞桑比性格腼腆，喜欢读书。

优雅的相遇

为了对本书前面描述过的各处不同的作家故居另做充实补遗，本章内容专门介绍为数不多的几处屋舍建筑。它们均与文学创作有缘，并在有限程度上对公众开放。

英格兰

小屋中的遇见

罗尔德·达尔 | Roald Dahl

挪威籍英国作家罗尔德·达尔（1916—1990）将他的那间写作小屋视为日常工作中非常重要的一个场所。他经常在上午大约10点钟到小屋中去，首先要削那些放在小酒杯里的铅笔。大约过两个小时以后，需要再削铅笔。中午享用一顿便餐，然后小睡一会儿。起来后，他要在赛马比赛上下点小赌注，接下来又回到小屋里写上两个小时。

写作小屋里的光线不是特别好，一到冬季屋里便充满刺鼻的煤油炉气味。天花板上挂着一个单电阻丝电暖气。达尔经常披着小毯子坐在桌前，两条腿裹在睡袋里。达尔去世多年后，有关写作小屋未来的决定出台了。在原址上保留小屋已不可能。后来写作小屋被搬迁到罗尔德·达尔博物馆与故事中心的一个永久位置上，供游人参观。

亨利·威廉姆森 | Henry Williamson

被英国文化遗产管理机构列为二级建筑的这座写作小屋由亨利·威廉姆森于 1929 年建造。两年前他发表了《水獭塔卡》，并借此作品获得了霍桑登奖。他用奖金修建了这座简朴的榆木板写作小屋。小屋坐落在北德文郡沿海地区乔治汉姆村（Georgeham）上面的小山上。在小屋里如今可以看到威廉姆森穿过的靴子、格子花呢夹克衫和他戴过的眼镜。

威廉姆森经常每天在写作小屋里待上 15 个小时。他在这座小木屋里写出了长篇系列作品《古老阳光编年史》。

苏格兰

最美丽动人的写作旅程

乔治·奥威尔 | George Orwell

作家维尔·赛尔夫（Will Self）曾经将步行到位于偏僻侏罗岛（Jura）的巴恩希尔（Barnhill）隐居岛屋的过程描述为“在地球上人走过的最具震撼力、最为美丽动人的旅程”。侏罗岛距苏格兰西部海岸五英里，作家乔治·奥威尔①曾在这里隐居，创作其经典传世之作《1984》。当年他就居住在侏罗岛北端孤零零的巴恩希尔岛屋中，去世前三年的大部分时间都在那里度过。1948 年他终于写完那部作品。

如今巴恩希尔岛屋作为自助住宿屋舍对外出租，无疑是英国最为偏僻孤独的度假隐居之地。屋内有一个老旧的柴油发电机用于照明发电，还有一个煤气制冷的小型冰箱。

---

①真实姓名为埃里克·亚瑟·布莱尔（Eric Arthur Blair），1903—1950。

休·麦克迪尔米德 | Hugh MacDiarmid

沃尔赛岛（Whalsay）是设德兰群岛（Shetlands Islands）中第六大岛屿。20 世纪 30 年代与 40 年代初，苏格兰诗人休·麦克迪尔米德[①]曾在此居住，从其优美景色与幽居环境中汲取艺术灵感，创作出了一些极为优美的诗歌。他的作品一半以上在沃尔赛岛上写成。在岛上居住期间，他对于其地理优势与周围的景色日益喜爱起来。这些主题均反映在他的作品当中。

麦克迪尔米德在沃尔赛岛苏德海姆（Sudheim）地段的故居——现在已成为野外宿营地，是传统设德兰群岛建筑中质朴的自理膳食住宿处所。

①真实姓名为克里斯托弗·穆雷·格里夫（Christopher Murray Grieve），1892—1978。

威尔士

威尔士的荣耀

T. E. 劳伦斯 | T. E. Lawrence

具有维多利亚时期风格的斯诺登村舍（Snowdon Lodge）位于威尔士北部丽因半岛（Llyn Peninsula）边缘，被列为二级建筑。这座村舍修建于 1880 年，在 T. E. 劳伦斯（1888—1935）出生的八年前。村舍拥有四个房间，如今是一处青年旅社。据说 T. E. 劳伦斯是一位私生子，出生在二楼的一间前屋卧室。他的父亲托马斯·查普曼（Thomas Chapman）是第七世威斯特米斯（Westmeath）男爵，抛弃自己的妻子同家庭教师萨拉·詹纳（Sarah Junner）建立了家庭。他们在共同生活刚过一年后便离开了位于特雷马多格的那座住宅。T. E. 劳伦斯不是威尔士人，但是他的出生地却赋予他被称为“威尔士荣誉公民”的权利。